教育学のポイント・シリーズ

教育課程

柴田 義松

［編］

学文社

■執筆者■

＊柴田	義松	東京大学	［問題 1-17, 44-53］
森岡	修一	大妻女子大学	［問題 18-31］
蔵原	三雪	横浜創英大学	［問題 32-43］
遠藤	忠	宇都宮大学	［問題 54-60］

（＊印は編著者，執筆順）

まえがき

　学校は，子どもに何を教え，何を学ばせるのか。この「何を」の教育内容を，子どもの必要と社会的必要とに基づいて検討し，構造化し，かつ評価するのが，教育課程研究の基本的課題です。それら子どもの必要と社会的必要とを実際にだれが，どのようにして，何を基準として判断し，評価するのかは，教育問題であると同時に，重要な政治的・社会的問題でもあります。

　本書は，教職教養として必要な教育課程研究の基礎的知識を身につけたいと思う学生や現職の教師，とくに教員になることをめざして教員採用試験の受験準備に取り組んでいる学生が，単に知識を丸暗記するのではなく，問題解決の思考力をつけるのに役立つように編集され，書かれたものです。

　現在，授業からの「落ちこぼれ」，校内暴力，陰湿ないじめ，登校拒否などの教育病理現象がわが国の学校現場に広がっていますが，このような病理現象の克服をめざすとともに，21世紀教育の在り方を展望する教育課程改革案が，政財界からつぎつぎと出されるようになり，政府も臨時教育審議会（1984-87年）以降，さまざまの教育改革案を策定し，実行に移しています。

　他方，このような政府の上からの教育改革は，経済成長に役立つ人材育成を最優先した政策であり，民主主義や人権を無視した子ども不在の教育改革であるとして，子ども・父母・地域の草の根からの教育改革を求める動きも各地に広がっています。子どもたちが心身ともに健全に豊かに発達することを保障する教育課程編成の問題は，学校の教職員が各学問分野の研究者，教育行政の担当者，地域の父母・住民等の協力を得ながら，さまざまの角度から研究し，衆知を集めて改革・改善に取り組まなくてはならない国民的一大事業なのです。

　本書は，こうした最近の改革動向をも含め教育課程研究の基本的知見を，読者自身が整理しやすいように問答形式でまとめたものです。したがって，読者が最初から順を追って系統的に学んでも，各人の必要や興味に応じて特定の問題を選んで学んでいってもよいように構成されています。本書をそれぞれの目的に応じた勉学のために有効に活用していただければ幸いです。

　　　2005年2月　　　　　　　　　　　　　　　　　　　　柴田　義松

目　次

第1章　教育課程の編成原理 ———————————————7

- 問題1　教育課程（カリキュラム）　7
- 問題2　教育課程はだれが編成するのか　9
- 問題3　児童中心カリキュラム　12
- 問題4　経験カリキュラム　14
- 問題5　コア・カリキュラム　16
- 問題6　ミニマム・エッセンシャルズ　18
- 問題7　学問中心カリキュラム　20
- 問題8　形式陶冶と実質陶冶　22
- 問題9　陶冶と訓育との統一　24
- 問題10　能力主義の教育　26
- 問題11　潜在的カリキュラム　29
- 問題12　課程主義と年齢主義　31
- 問題13　科学と教育との結合　32
- 問題14　科学教育の現代化　34
- 問題15　生活と教育の結合　36
- 問題16　労働と教育の結合　38
- 問題17　総合技術教育　40
- 問題18　政治教育の意義と課題　42
- 問題19　宗教教育の意義と課題　45
- 問題20　国際理解教育の意義と課題　47
- 問題21　平和教育の意義と課題　49
- 問題22　環境教育の意義と課題　52
- 問題23　福祉教育の意義と課題　55
- 問題24　人権教育の意義と課題　57
- 問題25　異文化理解教育の意義と課題　59

第2章　教育課程の構造―――――――――――――――61

- 問題26　教科カリキュラムの意義と変遷　61
- 問題27　教科外カリキュラムの意義と変遷　62
- 問題28　教科の系統性　66
- 問題29　必修教科と選択教科の意義と課題　68
- 問題30　普通教育と専門教育の意義と課題　70
- 問題31　機能的リテラシー　73
- 問題32　学校における道徳教育の内容と方法　75
- 問題33　幼児教育の構造　77
- 問題34　保育所・幼稚園の教育課程　79
- 問題35　初等教育カリキュラムの構造　82
- 問題36　中等教育カリキュラムの構造　85
- 問題37　単元論　88
- 問題38　モジュール・システム　90
- 問題39　教科内容と教材の区別　92
- 問題40　特別なニーズ教育　94
- 問題41　障害児教育課程の変遷　96
- 問題42　インクルージョン　99
- 問題43　交流教育の意義と課題　101

第3章　学習指導要領―――――――――――――――103

- 問題44　学習指導要領の歴史的変遷　103
- 問題45　学習指導要領の基準性　106
- 問題46　1947（昭和22）年版学習指導要領の特徴　109
- 問題47　1951（昭和26）年版学習指導要領の特徴　111
- 問題48　1958（昭和33）年版学習指導要領の特徴　113
- 問題49　1968（昭和43）年版学習指導要領の特徴　115
- 問題50　1977（昭和52）年版学習指導要領の特徴　117
- 問題51　1989（平成元）年版学習指導要領の特徴　119
- 問題52　1998（平成10）年版学習指導要領の特徴　121
- 問題53　2008（平成20）年版学習指導要領の特徴　124
- 問題54　生活科カリキュラムの意義と課題　126

問題 55　総合的な学習の時間の意義と課題　128
問題 56　特別活動の意義と課題　131
問題 57　学級（ホームルーム）活動の意義と課題　133
問題 58　児童（生徒）会活動の意義と課題　135
問題 59　クラブ（部）活動の意義と課題　137
問題 60　学校行事の意義と課題　139

索　引　141

第1章　教育課程の編成原理

問題1　教育課程（カリキュラム）とは何か

　カリキュラム（curriculum）の語源は，ラテン語で最初，競馬場とか競争路の「コース」を意味したが，その後「人生の来歴」をも意味するようになり，さらに16世紀の頃から転じて，学校で教えられる教科目やその内容，および時間配当など「学校で何を，いつ，どのような順序で教え，学ぶか」の教育計画を意味する教育用語として使われるようになった。これに相当する用語としてドイツ語やロシア語等では「教授プラン（Lehrplan）」とか「教授プログラム」の語があてられている。わが国では**教科課程**とか**学科課程**を第2次世界大戦前は使用していたが，戦後「教育課程」の用語を使うようになった。学校での教育活動が，教科学習のほかに教科外の諸活動を含んでおり，それらを正当に位置づけることが重視されるようになったからで，1951（昭和26）年の学習指導要領改訂の頃からである。

　そこでは「教育課程とは，学校の指導のもとに，実際に児童・生徒がもつところの教育的な諸経験，または諸活動の全体を意味している」とされ，さらに「児童や生徒がどの学年でどのような教科の学習や教科以外の活動に従事するのが適切であるかを決め，その教科や教科以外の活動の内容や種類を学年毎に配当づけたものを教育課程」というと定義している。ちなみに，英語では**教科外の活動**は，"extra-curricular activities"と呼ばれている。

　わが国の学校の教育課程は，文部科学省告示の「学習指導要領」にその基準が示されている。すなわち，小・中・高等学校別に出される学習指導要領は，学校の「**教育課程の基準**」を公示するものと学校教育法施行規則に定められている。**学校教育法**に定める学校（幼稚園から大学に至るまで）は，学校教育法その他法令の定めるところに従って教育課程を編成することになっているのである。しかし，これら法令は，各学校で教える教科・授業科目とか，その授業時

数あるいは単位数を規定するだけで，各教科・授業科目の内容にまで立ち入ってはいない。そこで，教科外活動を含む授業科目等の内容の大綱を示す**学習指導要領**が文部科学省告示として出されているのだが，これに「**法的拘束力**」があるか否かについては，憲法・教育基本法に定める学問・思想の自由とか教育の自由とのかかわりで議論があり，法廷でも争われる係争問題となってきた。

また，最近では学校週5日制にともなう「学力低下」問題とかかわって**学習指導要領の基準性**があらためて問われることになり，文部科学省は2003（平成15）年12月，小・中・高等学校の「学習指導要領の一部改正等について」の「通知」において，学習指導要領に示す各教科等の内容は「**最低基準**」であり，そこに「示していない内容を加えて指導することができる」ことを第1章総則において明記することになった。すなわち，学習指導要領の「第2章以下に示す内容の取扱いのうち内容の範囲や程度等を示す事項は，すべての児童（生徒）に対して指導するものとする内容の範囲や程度等を示したものであり，学校において特に必要がある場合には，この事項にかかわらず指導することができる」ことを明確にしたのである。

いずれにしても，小・中・高等学校等の教育課程は，学習指導要領に編成の基準が示されているが，実際に各教科等で何をどのような順序で指導するかという具体的な教育課程の編成は，各学校で行うことになっている。さらに，各教室等で児童・生徒が実際に経験する「教育的な諸経験・諸活動」という意味での教育課程は，当該教師が教科書その他の教材に基づいて構成することになる。このようにして**教育課程**は，少なくとも国・学校・教師という3つのレベルにおいて構成される複雑な**重層構造**をなしている。そして，これらはなんらかのかたちで公表される公式的な教育課程だが，子どもたちが学校で実際に学び，身につけていくもののなかには，実はこれ以外にさらに学校や教室のなかで無意識的に学習されていくものがある。これを「**潜在的**（latent）**カリキュラム**」あるいは「**隠れた**（hidden）**カリキュラム**」と呼び，前者を「**顕在的カリキュラム**」と呼んで区別している。

［柴田］

参考文献
柴田義松『教育課程―カリキュラム入門―』有斐閣，2000
柴田義松編著『教育課程論』学文社，2001

問題2 教育課程はだれが編成するのか

教育課程編成の主体　わが国の小・中・高等学校等の「**教育課程の基準**」は，文部科学省で作成し，**文部科学大臣**が公示する学習指導要領によるものと学校教育法施行規則に定められている。しかし，各学校の教育課程を実際に編成するのは，それぞれの学校の教職員である。文部科学省にしても各地の教育委員会にしても，各学校の教育課程をすみずみまで掌握することはできない。各学校で実際に行われる教育活動の内容を立案し，実施し，評価し，年度ごとに教育課程を見直し編成するのは，各学校の教師をおいてほかにはいないのである。

しかし，教育課程の編成に直接に携わるのは，各学校の教師であるとしても，学校の**教育課程編成に影響を及ぼす要因**には実にさまざまのものがある。

第1に，教師の教育活動に直接に最も大きな影響を及ぼすのは，教育の対象である児童・生徒である。児童・生徒たちに受け入れ難いような教育活動の計画は失敗とならざるをえない。児童・生徒の理解度，彼らの要求や関心を常になんらかの程度は考慮にいれて教育課程は編成せざるをえないのである。

第2に，教師の教育計画作成に大きな影響を与えるものとして教科書がある。とくに義務教育諸学校では，文部科学省検定済教科書は絶対的権威をもち，教育課程そのものともいえるほどである。かつての国定教科書時代に教師および一般国民に植えつけられた教科書中心の教育観，すなわち教師は教科書通りに教えておればよいのだという考えがわが国ではいまだに根強く残っており，教科書を離れて独自の教育課程を編成することには大きな抵抗があるのである。

第3に，学校教育には，学校としての一定のまとまりが必要であって，ひとりひとりの教師が勝手に教育活動を展開するわけにはいかない。学校の教育課程は，学校の教職員の合議で編成されねばならない。その際に，子どもの保護者や地域住民の意向を把握し，学校の教育計画に反映させることも必要であり，そのような学校・家庭・地域社会の連携協力のために欧米諸国ではかねてから**学校理事会**とか**学校評議員**の制度を設けてきたが，わが国でも最近そのような

制度を校長の判断で設けることができるようになってきた。

　第4に，わが国では，学校教育法に定める学校（幼稚園から大学に至るまで）は，法令および学習指導要領等に従って教育課程を編成することになっている。小・中・高等学校で教えられる教科・科目および各教科等の授業時数は**学校教育法施行規則**に定められている。授業の内容・方法にまでわたって規定しているのは，文部科学省作成の学習指導要領である。学習指導要領には，教育課程編成の「基準」が示されており，幼稚園については，**幼稚園教育要領**がある。文部科学大臣が別に特に定める場合（教育課程の研究開発学校等）を除いて，各学校の教育課程はこの「基準」が示すところに従い「児童（生徒）の人間として調和のとれた育成を目指し，地域や学校の実態及び児童（生徒）の心身の発達段階や特性等を十分に考慮して，適切な教育課程を編成するものとする」と学習指導要領第1章総則に書かれている。

　教育課程の3層構造　このように見てくると，学校の教育課程編成にかかわる規定要因には，国レベルのものから，個々の教師の実践に直接かかわるものまでさまざまなレベルのものがあることがわかる。学校の教育課程編成を考える場合には，少なくとも次の3つの階層を区別し，それぞれに固有の問題を検討するとともに，それら相互の関連を明らかにすることが必要となる。

(1) 国家的（さらにときには地域的）レベルの政治的・経済的・社会的要求によって定められる教育課程（国レベル）
(2) 学校で教職員の合議により編成される教育課程（学校レベル）
(3) 個々の教師が計画し，実施する教育課程（教室レベル）

　第1の国レベルのものは，法令等により国家的基準のかたちで示されたり，教育委員会等が指導助言するかたちのものがあるが，それらの背後には政財界あるいは産業界等からの政治的・経済的・社会的要請があり，それらの要請に応える性格のものであることに注目する必要がある。

　第2の学校レベルの教育課程は，学校の教職員が各学校や地域の実態に基づいて作成するもので，主に**学校の年間計画**として具体化される。その場合，校長，教頭，教務主任などの管理職の考えがもっぱら重視されるのか，職場の全教職員が参加して研究討議を行い，民主的な手続きを経て編成されるのかは，

各学校の実情によって異なることになる。

　第3のレベルは，個々の教師が立てる教育計画である。教育課程に関する国家的統制がどんなにきびしくても，また学校でどんなに立派な教育計画を立てようとも，その教育課程を実行に移すのはひとりひとりの教師と児童・生徒たちである。つまり，個々の教師が立てる教育計画をくぐり抜けることなしには，国が定める教育課程も学校の教育課程も，児童・生徒に直接の影響を及ぼすことはできないのである。結局のところ，教育課程は実際には教師と児童・生徒によってつくられるものだといえよう。この点について，1951年版「学習指導要領一般編(試案)」には次のように述べられていた。

　「本来，教育課程とは，学校の指導のもとに，実際に児童・生徒がもつところの教育的な諸経験，または諸活動の全体を意味している。これらの諸経験は，児童・生徒と教師との間の相互作用，さらに詳しくいえば，教科書とか教具や設備というような物的なものを媒介として，児童・生徒と教師との間における相互作用から生じる。……児童・生徒は，一定の地域社会に生活し，かつ，それぞれの異なった必要や興味をもっている。それゆえ，児童・生徒の教育課程は，地域社会の必要，より広い一般社会の必要，およびその社会構造，教育に対する世論，自然的な環境，児童・生徒の能力・必要・態度，その他多くの要素によって影響されるのである。

　このように考えてくると，教育課程の構成は，本来，教師と児童・生徒によってつくられるといえる。教師は，校長の指導のもとに，教育長，指導主事，種々な教科の専門家，児童心理や青年心理の専門家，評価の専門家，さらに両親や地域社会の人々に直接間接に援助されて，児童・生徒とともに学校における実際的な教育課程をつくらなければならないのである。」

　ここには学校の**教育課程の民主的な編成**のあり方が述べられているが，このような民主的な教育課程編成の考え方がわが国において，実際にすべての国民と教師のものとなるには，なお多くの課題が残されているといえよう。〔柴田〕

参考文献　柴田義松『教育課程―カリキュラム入門―』有斐閣，2000
　　　　　柴田義松『21世紀を拓く教授学』明治図書，2001

問題3　児童中心カリキュラムとは何か

児童中心主義の新教育　児童中心教育（child-centered education）の思想を最も端的に表現したのは，ジョン・**デューイ**（Dewey, J. 1859-1952）の『学校と社会』（1899）のなかの次の言葉である。

「旧教育は，これを要約すれば，重力の中心が子ども以外にあるという一言につきる。重力の中心が，教師，教科書，その他どこにあろうとよいが，とにかく子ども自身の直接の本能と活動以外のところにある。……いまやわれわれの教育に到来しつつある変革は，重力の中心の移動である。それは，コペルニクスによって天体の中心が地球から太陽に移されたときと同様の変革であり，革命である。このたびは，子どもが太陽となり，その周囲を教育の諸々の営みが回転する。子どもが中心であり，この中心の周りに諸々の営みが組織される。」

児童中心の学校では，このようにして「すべての教育活動の第一の根源は，子どもの諸々の本能的・衝動的な態度および活動に存する」。したがって，教師の常に自問すべき第一の問いは，「そのものは，子どもが自分自身の内部においてその本能的な根源を有するものであるか，また子どもの内部において発現しようと胎動しつつある諸々の能力を成熟させるようなものであろうか？」（同上書）ということだとデューイは述べている。

ここには，デューイの考える児童中心の学校が，**ルソー**や**フレーベル**が主張していた**「合自然性」の教育**思想を受け継ぐものであることが明瞭に示されている。だが，デューイは，同時に学校は産業革命後の社会生活の激変，その現実と結びつくことの必要も力説した。「学校は小型の社会となり，胎芽的な社会」となって，「行動し，制作する興味が支配的である人々に訴えるような諸々の活動を教育過程の中に取り入れる」ことによって，**子どもの興味**や要求に応えるとともに，現実の社会的要請にも応える**労作学校をデューイ・スクール**の理想像として彼は考え，その実験的研究に自ら取り組んで，20世紀初頭の国際的な新教育運動の発展に絶大な影響を与えることになった。

児童中心カリキュラムの実践　児童中心カリキュラムのわが国への影響は，大正新教育の時代にも見られるが，とりわけ第2次世界大戦後の教育改革は，「米国教育使節団報告書」（1946年）がもたらした次のような**児童中心教育**の思想に大きな影響を受けた改革であった。「古い型では，教育は天下りに組織された。その本質的な特徴は官憲主義であった。新しい型では，出発点は個人でなければならない。……よい課程は，単に知識のために知識を伝える目的をもって工夫されるはずがない。それはまず生徒の興味から出発して，生徒にその意味が分かる内容によって，その興味を拡大するものでなければならない。」

　このように児童中心主義の新教育においてカリキュラム編成の基本原理とされたのは，**子どもの興味**の尊重であった。「興味の問題，すなわち子どもの生得的な衝動や欲求の問題とはまったく独立に教材を選択し，……それからの後に，教師はそれを興味あるものにすべきだというドクトリンほど頽廃的なものはない。」「真の**興味原理**とは，学習される事実，あるいは課せられる活動と成長する自我との同一性を認める原理である」（デューイ『教育における興味と努力』1913）と**デューイ**は言う。

　子どもの興味を無視した学習の強制は，興味と努力の2方向に精神活動を分裂させてしまう。学習に「全身全霊」の活動を呼び起こすためには，子どもが自発的に求めるものを学習の内容としなければならないというのである。

　子どもが全身全霊で学習に取り組むことが望ましいことはいうまでもない。

　しかし，そのために教育は，子どもの自発的興味や欲求にもっぱら依存すべきなのか。児童中心のこのような興味重視の考え方については，やがて「**興味中心主義**」とか「**本能中心主義**」の教育との批判が浴びせられるようにもなった。**児童中心教育**は，カリキュラムの民主的編成の原理を示すという点では積極的側面をもつものであったが，過去の文化遺産の継承や学問の体系的構造を軽視するものという批判を受けるようになり，実際の学校教育にそのまま採用されることはアメリカにおいてもわが国においても少なかったといえよう。

〔柴田〕

参考文献　デューイ（宮原誠一訳）『学校と社会』岩波文庫，1957
　　　　　柴田義松『教育課程─カリキュラム入門─』有斐閣，2000

問題 4　経験カリキュラムとは何か

　経験の連続的改造の過程としてカリキュラムを構成しようとする考え。「**なすことによって学ぶ**」（learning by doing）という**経験主義**，あるいは**デューイ**の**プラグマティズム**の思想を基本原理としている。わが国では戦後初期の教育課程がすべてこのような原理に基づいて構成されていた。たとえば，「**社会科**は，いわゆる学問の系統によらず，青少年の現実生活の問題を中心にして，青少年の社会的経験を広め，また深めようとするものである」（「小学校学習指導要領 社会科編」1947年）と述べられていた。子どもの生活経験を重視するようなカリキュラムは，子どもの立場に立って教育を考え，実生活と結びついた教育課程を編成するという積極的な側面をもっているが，他方では歴史的に蓄積されてきた学問・芸術などの文化遺産の**系統的**な**学習**が軽視され，ひいては学力低下をも招く傾向があった。1958年の学習指導要領改訂においては，その点が考慮され，算数・数学などの教科は系統性をいくらか重視するようになったのだが，小学校の国語・社会科・理科などの教科教育では経験カリキュラムの要素がなお基本的に重視されている。

　社会科における「**同心円拡大方式**」と呼ばれる教育内容構成の原理がその典型的な例で，「社会科の任務は，児童が現実の生活のなかで直面する問題をとらえて，その解決を中心にして有効な生活経験を積ませることである」（「小学校学習指導要領 社会科編」1951年）といわれ，身近な生活の問題から始めて，学年が上がるにつれ時間的・空間的に遠くの生活問題に及ぼすという教育内容構成の方式をとる。すなわち，家庭・学校の生活（1年）―近所の生活（2年）―郷土（村や町）の生活（3年）―町や村，交通の発達（4年）―産業の発達，現代日本の生活（5年）―世界における日本（6年）と進むのである。

　子どもの社会認識が，家族や近隣の身近な人々の仕事や関係についての認識から出発することは明らかである。しかし，問題は，その後，学年が進むにつれ次第に同心円が拡大し，日本の諸地域，最後に世界の諸地域に子どもの興味

が広がっていくという方式の妥当性である。小学校の中学年から高学年にかけて，子どもの好奇心が自ずと外部の世界に広く解き放たれ，新しいものや珍しいものに関心を示すようになる時期に，学校の社会科は，子どもの視野を身近な地域に狭く限定しようとしている。読み書きの学習を通して見知らぬ世界への興味を抱くようになった子どもたちの想像は，遠い南国の生活とか大昔の人々の暮らし方にまで駆けめぐるようになる。さらに**情報化時代**の今日，テレビや雑誌などの伝える情報が，子どもたちの想像世界をいっそう拡大していることも考慮しなくてはならない。心理的な距離と物理的な距離とは必ずしも一致しない。外へ外へと大きく広がっていった興味も，必ずまた身の周りに収斂して戻ってくるだろう。そうした往復運動を繰り返すなかで，子どもの社会認識は豊かになっていくというのが実際の姿である。

　戦後アメリカの社会科にならって採用した同心円拡大方式が，子どもの社会認識の発達に本当に適したものであるかどうかについては当初からこのような疑問が出されてきたが，アメリカ本国でも1960年代以降，グローバル教育の立場からの批判が強まり，いまや社会科教育の専門家の間でも，純然たる同心円拡大方式の理論的な信奉者はほとんどいなくなったといわれている。批判の要点は次の4点である。①通信輸送手段の発達によって，**子どもの興味**や能力は，身近な環境を超えた範囲にまで広がってきている。②学習範囲を学年指定しており，柔軟でない。③表面的で皮相な学習になりやすい。④同心円拡大のトピックは固定的であり，時代後れになりがちで，社会問題の学習に対して消極的である。ところが，わが国の社会科教育課程は，いまだに同心円拡大方式に寄り添うばかりか，奇妙なことに学習指導要領の改訂のたびに，その傾向がいっそう強まってきている。たとえば，4年の「大昔の人々の暮らし」が1968年の改訂でなくなったり，6年の世界地理の学習が1977年の改訂で削除され，日本の子どもは中学校へ行くまで世界地理をまったく学習しないことになっている。同心円拡大方式は，子どもの社会認識の発達を図式的に枠づけ制限するだけでなく，郷土中心・自国中心の偏狭なものにする恐れもあると批判されている。

〔柴田〕

参考文献　柴田義松『教育課程―カリキュラム入門―』有斐閣，2000
　　　　　　安藤輝次『同心円拡大論の成立と批判的展開』風間書房，1993

問題 5　コア・カリキュラムとは何か

　現実的な生活問題を単元として取り上げ，問題解決学習方式でそれを学ぶ**中心課程**（core course）と，それとの有機的な関連で学習される**周辺課程**とで構成されるカリキュラムのこと。狭義には，このような経験主義のカリキュラム構造のことをいうが，広義には，諸教科の内容がばらばらに学習されることを避け，それら内容の統合をはかるのに必要な学習経験を中心におき（中心課程），それと有機的に関連づけられた体系的な学習内容を周辺に配列するカリキュラムのことをさす。

　1930年代にアメリカで提唱され，ヴァージニア州やカリフォルニア州等で実践されていたものが戦後わが国の学校にも導入され，新教育の代表的なカリキュラムとみなされた。これらのカリキュラムは，児童・生徒のニーズをもっぱら重視するものもなかにはあったが，社会的なニーズを中心に教科を統合し，再編することを試みていた。

　わが国では，**梅根悟**の川口プランや**大田堯**の**本郷プラン**などが，地域社会のニーズを調査し，社会科学習を中心にしてコア・カリキュラムを編成した実践として知られている。1948年に原則として学校加盟による民間教育研究団体として発足した**コア・カリキュラム連盟**は，機関誌『カリキュラム』を発行し，全国各地で集会を開催して，いわゆるカリキュラム・ブームを巻き起こした。

　このコア・カリキュラム連盟が中心となって開発したのが，「基本的知識，技能，日常生活の実践（問題解決学習）」の3層と，「表現，社会，経済（自然），健康」の4領域からなるコア・カリキュラムで，その中心課程では社会科が重視される代わりに，読書算等の基礎学力が軽視され，低下するとの批判が50年代に入る頃から強まった。**矢川徳光**『新教育への批判』（1950）がその代表的なもので，コア・カリキュラムは教科の系統的学習を軽視する「**はいまわる経験主義**」であり，「学力低下」を招くものとしてきびしく批判した。コア・カリキュラム連盟内部からも，「**牧歌的カリキュラム**」（広岡亮蔵）であるといっ

た自己批判が1950年に始まり，1953年には**日本生活教育連盟**へと名称変更がなされ，問題解決学習の立場に基本的には立ちながらも，基本的な知識・技能を習得する基礎コースを以前より重視する方向への転換を行っていった。

三層四領域のカリキュラム構造（1951年）

		表現	社会	経済（自然）	健康
基礎	基本的技能	基礎コース（科学と技術の基本）			
	基本的知識				
経験	生活の拡充	生活拡充コース（研究・問題解決）			
	生活の実践	生活実践コース（実践）			

そして，生活教育連盟では，それまで「子どもたちを具体的な生活の問題に直面させ」てきたのだが，この生活の問題は，「自然科学的にも社会科学的にも追究されるべき」ものであり，「この根本精神をはずさないで，そこに科学的・技術的内容が取出されても，その全体を，特に社会科学の立場から考えてゆく学習」を重視することになり，社会科の単元系列として「**日本社会の基本問題**」を取り上げることが1953年11月の委員会で提案された。その内容は，「農業問題，中小企業問題，工業労働問題，現代文明問題，社会計画化問題，平和問題，民族問題，国家権力問題」で，その後『カリキュラム』誌上にも「水害と市政」「西陣織（中小企業）」などの実践が報告され，生活教育の新しい発展として広く反響を呼ぶようになった。　　　　　　　　　　　　　　［柴田］

参考文献　川合章『生活教育の100年』星林社，2000
　　　　　日本生活教育連盟『日本の生活教育50年』学文社，1998

問題 6　ミニマム・エッセンシャルズとは何か

　学校で教え・学ぶべき必要最小限の基本的知識・技能のことをいう。本来は1920-30年代のアメリカにおいて経験主義教育の理論に基づく進歩主義の教育が広まったとき、それに批判的立場をとった**エッセンシャリスト**（本質主義者）が、文化遺産のなかの「本質的で必要最小限の知識・技能」の意味で唱えた概念である。そこには、教育内容や教育活動から無駄をはぶき、少ない労力と少ない時間で最大の効果をあげようとする教育の効率化・合理化の志向が背景にあった。わが国でも、**大正新教育**の運動が盛り上がるなかで、カリキュラム改造論を展開した**成城小学校**の教師佐藤武は、児童心身の発達への考慮とともに、「**教授経済**」ないし「**学習経済**」の観点の必要性を説き、「少ない時間を以って少ない労力をもって多くの教育効果を挙げよう」と訴えており、また**成蹊小学校**の**野瀬寛顕**は『教育の能率化学習経済の新研究』（1936）において小学校の各学年各科における「学習経済と能率教育」の研究を行っている。

　さらに戦後は、経験主義の新教育が**基礎学力**の低下を招いているのではないかという批判のなかで、ミニマム・エッセンシャルズを伝統的な3R's（読書算）に重点をおいてとらえるかどうかをめぐってはげしい論議が交わされた。アメリカの経験主義教育論に依拠する「新教育」は、**3R's**をカリキュラムのうえで、生活経験を通して学ぶ中心課程（core course）に対する「**用具教科**」として周辺に位置づけ、軽視するものとして批判された。そして、3R'sを「**人類文化の宝庫を開く鍵**」として重視することが強調された。こうして1950年代はじめには、基礎学力は、①読書算であるという考えと、②各教科がそれぞれもっている基本的なものという考えとがあって論争が繰り広げられていたが、この対立を止揚しようとする論がやがて現れるようになった。名古屋大学教科研グループの「国民のための教育科学再論」（『教育』1957年5月号）と**城丸章夫**の「基礎学力論」（『現代日本教育論』1959）が代表的なものだが、城丸は、各教科のなかに基礎・基本があるとする考えのなかには、学習指導要領改訂の方向にみら

れるように要素知や要素能力を基礎学力として戦前の教授細目に逆戻りするようなものまであり，これは戦後教育学が育ててきた「生きて働く学力」の考え方を無視するもので，当然否定されねばならないとした。

次に日本生活教育連盟の**広岡亮蔵**，**海後勝雄**らの「学力の三層構造論」は，知識・技能とは別に実践的・行為的学習＝態度の学習をおいているが，非現実的な二分論であるとして城丸は退ける。

さらに，国民として最低必要な教養をミニマム・エッセンシャルズとして取り出そうとする**宮原誠一**，**矢川徳光**などの考えについても，何をどの程度までミニマムとするか決めることが難しく，結局のところ，広岡＝海後らの「科学の基本」と同様に，小・中学校での教科内容をみんな基礎学力とすることになってしまい，立論の基礎そのものが崩れてしまうと批判する。だが，これら民間側から発した基礎学力追究の努力は，いずれも当時の雑然とした教育内容を整理したいという願いから出発しており，その本質において「下からの教育内容に対する国民的要求」であることに着目し，その内容や範囲は教室実践によって教授学的に整理されていく必要があるが，そのような「学力に対する下からの国民的要望の内容」をさして「**広義の基礎学力**」と呼ぶことを提案した。

そして，読書算を基礎学力とする考えについては，これを「**用具教科**」として理解する場合，支配者の都合によって立身出世の用具とされたり，認識の手段としての意味とか，社会的交通の手段としての意味とかが一面的に強調されたりするという危険性があることを指摘したうえで，読書算の本質的意義は，認識や社会的交通の手段であるだけでなく，「それ自身が認識であるとともに認識の概括であり，方法である」ということを城丸は重要視し，これを「**狭義の基礎学力**」と呼ぶことにしている。つまり，言語や数量の学習は，他教科の認識と認識の方法とを準備するとともに，他教科において獲得した認識を総合的に発展させるのにも有力な役割を果たすのであり，「他教科の学習への出発点であるとともに，一種の総合者であるという役割」をも果たすものだというのである。これは今日においてもほとんどそのまま通用する考えだといえよう。〔柴田〕

参考文献　柴田義松『「読書算」はなぜ基礎学力か』明治図書，2003
　　　　　　柴田義松『21世紀を拓く教授学』明治図書，2001

問題7　学問中心カリキュラムとは何か

　1950年代末から60年代のアメリカにおいて科学・技術革新の時代にふさわしい学問的知識・技能を中心にして編成されたカリキュラムのこと。1957年の**スプートニク・ショック**を契機として科学・技術のエリート養成を主たるねらいとしたこのようなカリキュラムの**現代化運動**がアメリカをはじめとして諸外国にも広がった。**カリキュラムの現代化**を促した教育学的要因としては，経験主義の批判・克服という問題があった。**経験主義の教育理論**は20世紀前半の教育学をリードした主導的理論であり，アメリカだけでなく戦後の日本においても圧倒的に優勢な地位にあった。しかし，第2次世界大戦後，科学・技術革新が産業界の重要な課題となってきたとき，子どもの直接経験や興味を大切にし，生活経験のなかの素材をそのまま学習内容としてカリキュラムを編成する経験主義の教育では，読み書き算の基礎学力をはじめ，科学の基本的知識を子どもに十分に獲得させることができないのではないかということが問題視されるようになった。20世紀に入ってからの科学や技術の進歩はたしかに目覚ましいものがあった。19世紀までの科学とは質的に異なる新しい学問の登場，パラダイムの転換ともいわれる科学の世界における革命的な進歩・発展があった。しかし，科学や技術の現代的達成をそのままストレートに学校の教科内容に反映させることは難しい。そこには必ずある種の教育学的屈折が必要である。すなわち，なんらかの教育学的フィルターを通して，現代科学の内容は教科内容となるのである。その際，とくに問題となるのは，教科内容の全体としての構造あるいは系統のうえでの変化・改造である。アメリカにおける「現代化」の理論的典拠となったものとして，**ブルーナー**の『教育の過程』（岩波書店，1963）があるが，この本で最も注目を浴びたのは「構造の重要性」という章だった。「教科の課程は，その**教科の構造**をつくりあげている根底にある原理について得られるもっとも基本的な理解によって決定されなければならない」とブルーナーは言い，教科の構造を形成する科学の基本的概念や原理の学習の重要

性を強調したのである。この意味の構造の重視は，すべての「現代化」に共通するものであり，アメリカではそれを「**学問中心の教育課程**」（discipline-centered curriculum）と呼んだが，それは「児童中心」のカリキュラム，あるいは経験主義教育からの訣別を意味するものであった。

現代化以前の**児童中心カリキュラム**では，たとえば次のように述べられていた。「数学科において生徒中心の教育をするということは，実際にどのようにすることをいうのであろうか。一言にしていえば，数学科の指導は，『数学を』教えるのではなく，数学で『生徒を』教育していくことであるといえよう」（「学習指導要領中学・高校 数学科編」1951年）。教科のこのような規定は，教科はただ学問のために教えられるのではなく，児童・生徒の必要に応え，生活の必要のために教えられるのだという観点を強調するもので，教育課程の民主的編成の原理を示すという点では積極的側面をもっていたが，同時に学問の構造や体系を軽視する危険をはらむものであった。「現代化」は，まずもってこのような児童中心の教育課程からの転換を求めるものであったのである。

科学の基本的概念や原理を骨格にして教科の構造化をはかるとした場合に，次に問題となるのは，これらの概念や原理を，発達のどの段階の子どもに教えるのか，子どもにはたして学習が可能かという問題である。学習の**レディネス**（readiness）にかかわるこの問題について**ブルーナー**は，きわめて大胆な**仮説**を提起し，伝統的な教育学者・心理学者に大きなショックを与えた。「どの教科でも，知的性格をそのままにたもって，発達のどの段階のどの子どもにも効果的に教えることができる」（ブルーナー，前掲書）というものである。この仮説は，教科の構造を規定する科学の基本的概念は「できるだけ早く教え始めなければならない」という主張と結びついている。そのような構造化の形態として提案されたのが「**ラセン型教育課程**」であった。科学の基本的概念を最初は直観的思考によって把握させ，次第により複雑で精密な形で学習することによって段階的に理解を深めようとするものであり，これらの問題提起は国際的にも大きな注目をあびて，カリキュラムの現代化を促進することになった。　　　〔柴田〕

参考文献　柴田義松『教育課程―カリキュラム入門―』有斐閣，2000
　　　　　ブルーナー（鈴木祥蔵・佐藤三郎訳）『教育の過程』岩波書店，1963

問題 8　形式陶冶と実質陶冶とは何か

　読書算をはじめ各教科の教授－学習のなかで子どもは新しい知識・技能を獲得するが，その過程では同時に，注意・記憶・思考・想像力などの知的能力も鍛えられ発達する。この場合，教授目標として習得される文化内容それ自体の実質的価値を重視するのが「**実質陶冶**」（materiale Bildung）の立場であり，学習主体の知的諸能力の形成・発達をより重視するのが「**形式陶冶**」（formale Bildung）の立場である。

　産業革命が進み，一般庶民を対象とする学校教育制度が成立しはじめる18-19世紀には，新しい自然科学的な知識・技能の教養を重視する実質陶冶と，従来からの古典的教養による人間形成を重視する形式陶冶との対立が表面化した。イギリスの**スペンサー**（Spencer, H. 1820-1903）は，「どのような知識が最も価値あるか」（1859）を問い，古典文芸を中心とした伝統的な教育内容選択の妥当性を疑い，実生活への準備を教育の主目的として，自然科学的知識の重要性を説いた。

　わが国では明治維新後，学制の発布にあたって出された「**学事奨励に関する被仰出書**」（1872）には，文明開化の代表的啓蒙思想家**福沢諭吉**の『学問のすゝめ』（同年）の思想に共通する次のような教育方針が述べられている。

　第1に，従来「学問は士人以上の事とし農工商及婦女子に至っては此を度外」してきたのは誤りであり，「学問は身を立るの財本」ともいうべきもので，それを学ぶ目的は個々人の立身・治産・昌業にあるとしている。第2に，そのための教育内容は，読み書き算をはじめ百工技芸・法律政治・天文・医療等，人間としての営みに必要な知識・技術等のいわゆる「**実学**」であるとし，従来の「詞章記誦の末」にはしり，「空理虚談」に陥っていた教育を批判している。

　そして学制にすぐ続いて出された「小学教則」によれば，下等小学4年間に学ぶ科目は，綴字・習字・単語読方・洋法算術等，読書算に関する科目が主で，それに修身口授・地(理)学読本・養生口授・地理学輪講・究理学輪講等が加

わり，上等小学4年間ではさらに史学輪講・罫画・幾何・博物・化学・生理等の科目が学ばれることになっていた。各科に割り当てられた週当たりの時間数から計算すると，小学8年間に学ぶ全科目中，数学関係の授業時数が27.7%，自然科学関係の授業時数が14.4%を占め，合わせると42.1%にもなる。このほか読本輪講等でも科学啓蒙書が教科書として用いられることになっていたから，これをも加えると全授業時数の約半分が数学理科関係の教育に当てられていたことになる。実際には，これはペーパー・プランにすぎなかったといわれるが，明治新政府の教育近代化に賭けた凄まじいまでの意気込みが感じとれよう。

　しかし，増大してやまない人類の知識の総体を学校の教科内容に取り入れることはできない。「すでに**ルソー**の時代に，それ自身が目的とされる情報や知識が『底無しの際限のない大洋』のようなものだということが真実であったとすれば，それ以後の科学知識の増大が教育を知識の単なる集積と同一視する考えを滑稽なものとしているということは一層確かなことだ。……われわれは，この無駄な目的にかえて，学習の方法を身につけさせるための少数の典型的な経験と徹底的に取り組むというよりよい理想をかかげ，生徒に一層の知識の獲得を渇望させるような状況を提供しなければならない」と**デューイ**は『明日の学校』（1915）で語っている。

　アメリカの教育心理学者**ソーンダイク**は，学習効果の「**転移**」（transfer）に関する実験的研究を行い，2つの領域に共通の要素があるときにのみ1つの領域における練習が他の領域にも転移するのであって，形式陶冶説のいうような幅広い転移は認められないと主張したが，ロシアの**ヴィゴツキー**は，学校で学ぶ科学的概念の習得に際して求められる高次の精神機能（随意的注意，論理的思考，論理的記憶等）はすべての教科に共通するものであることから，ソーンダイクの学説をきびしく批判した（ヴィゴツキー『思考と言語』1934）。

　1960年代に教科の現代化を推進した**ブルーナー**も，教科の基本的概念や原理によって構成される「**教科の構造**」を習得すれば，大量の一般的転移が得られるとして形式陶冶の理論を新しい段階に引き上げている。　　　　　〔柴田〕

参考文献　柴田義松『21世紀を拓く教授学』明治図書，2001
　　　　　ヴィゴツキー（柴田義松訳）『思考と言語』新読書社，2001

問題 9　陶冶と訓育との統一とは何か

　学校は，読み書き算をはじめとする基礎的・基本的な知識の教授や知能の発達をめざす**陶冶**（Bildung）の機能とともに，基礎的な**生活指導**とか道徳的信念や社会的行動様式の形成をはかる**訓育**（Erziehung）の機能をも果たすべきものだとされている。陶冶と訓育は，学校の2つの主要な任務であり，両者のバランスや相互関連の問題が学校の成立以来常に問われてきた。

　ペスタロッチ（1746-1827）や**ヘルバルト**（1776-1841）が主張した「**訓育的教授**」という考えもその1つの解答であった。学校における教育活動の主要な形態である教授（あるいは授業）は，知識や技能の習得をめざす陶冶を主たる任務とするが，それと同時に道徳性や社会的態度の形成にかかわる訓育の課題をもはたすべきであり，さらに教育活動の全体は，結局のところ，人格の形成という意味の訓育を目的として統一されるべきだというのが，彼らの主張であった。ドイツ語のErziehungは，広い意味の「教育」と同時に「訓育」をも意味することに注意しておく必要がある。

　教育の諸形態と機能との関係を図示すれば，下図のようになる。

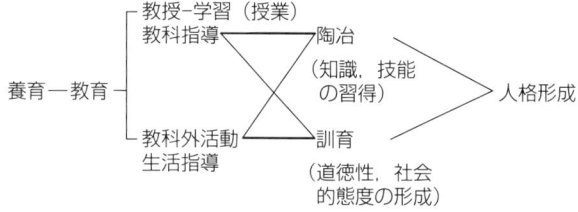

　訓育的教授は，教授内容の選択においても，教授方法を通しても実現される。つまり，訓育は教科外活動としての生活指導のなかでのみ実現されるのではない。陶冶もまた，教科指導としての授業のなかでのみ実現されるのではない。

　教科指導が陶冶を主としながら訓育的機能をも果たすように，**教科外活動**も

訓育と陶冶の両機能を果たす。陶冶と訓育という2つの機能は，すべての教育活動に2つの側面として備わっているのである。これは，知識や技能の習得が，感情や意欲の働きを基礎とした全人格的活動として行われ，道徳性とか社会的態度の発達もまた，知識の習得と切り離してはありえないという，人間の知・情・意の統一性に基づくものだといえよう。

しかし，陶冶と訓育には，それぞれの目的に応じた固有の原理や方法がある。たとえば，人への思いやりとか節制，勤勉といった態度を，計算とか文法の知識を習得するのと同じ教授方法でもって形成することはできない。教科指導においては，教科内容を構造化し，系統的な学習を教科書などに即して進めることが重視されるのに対して，**道徳性の形成**において重要な意義をもつのは，日々の生活における子どもと周囲の大人（両親や教師）とか友だちとの間の人格的なつながりや人間関係のあり方である。したがって，教師の子どもへの愛情とか教育者としての権威，あるいは児童集団の形成とか集団指導の方法などが，訓育・生活指導では重視されることになる。

教科指導と生活指導の方法にはこのような相違があるが，教科指導でめざす知識・技能などの中味と，生活指導でめざす道徳性や社会的態度とは，統一的人格の諸側面として調和的に発達することが望まれるのは当然だろう。ところが現実には，これらの間に食い違いや矛盾が生じることがある。たとえば，高度の学問的知識を身につけることと，労働や社会的活動に対する積極的態度の形成とが結びつかないことの矛盾は，古くから**人格形成上の歪み**として重要な教育問題のひとつとされてきた。このような子どもの人格形成に表れる矛盾，あるいは教育構造のなかに存在する矛盾は，社会・経済体制のなかの矛盾と根底において結びついていることが多い。社会的・歴史的に規定されたその関連を明らかにすることは，社会科学としての教育学の重要な課題となるものであるが，同時にその矛盾を克服する道を，教育活動そのもののなかに探究することが，教育学や教授学の基本的課題とされねばならないだろう。　　　［柴田］

参考文献
柴田義松『21世紀を拓く教授学』明治図書，2001
柴田義松編著『道徳の指導』学文社，2002

問題 10　能力主義の教育とは何か

　能力主義（meritocracy）とは，個人の地位・職業・処遇等がもっぱらその個人の能力や業績によって決められるべきものだとする考え方のことをいう。

　能力主義は，歴史的には出自・家柄などによって身分・地位・処遇が決まる貴族制（aristocracy）に対立する概念であり，**立身出世主義**の風潮をつくり出し，民衆の勤労意欲を鼓舞するなどそれなりの積極的意義をもつものであった。現代においても能力主義は，学歴主義や年功序列主義に対立し，労務管理のうえなどで一定の積極的意義をもちえるものであるが，他方において能力主義は労働者・民衆を互いに協力し連帯するよりも排他的な競争に駆り立て，弱肉強食の冷酷な結果をもたらすことにもなっている。

　教育の世界に能力主義を**マンパワー・ポリシー**の原理として持ち込んだのは，戦後の高度経済成長期に経済審議会人的能力部会が出した答申「経済発展における人的能力開発の課題と対策」（1963年）であった。経済発展をもたらした技術革新は，一方で高度の科学的知識を必要とする技術的労働を生み出すとともに，他方で従来よりも単純な労働力を大量に要求する。したがって産業界の教育要求というものは単純ではない。「教育においても社会においても能力主義を徹底する」ことを求めたこの答申に応えるかたちで出された中央教育審議会の答申「後期中等教育の拡充整備について」（1966年）は，まさにこうした産業界の要求に応え，教育の内容および形態を「各個人の適性・能力・進路・環境に適合するとともに，社会的要請をも考慮して多様なものにする」という中等教育の能力主義的再編を提起するものであった。

　教科内容の現代化を重点目標のひとつとした1968-70年の学習指導要領改訂は，こうした教育制度の能力主義的再編と結びついて行われたものであった。したがって，そこでめざされた**教科内容の現代化**は，技術革新と経済の高度成長をめざす産業界に必要なハイタレント養成には強い関心があっても，そのような教科内容の高度化についていけない生徒をどうするかという問題には特別

の関心を寄せない性質のものであった。なぜなら，そのような学習に落ちこぼれ，進学をあきらめる就職組の生徒たちこそ，産業界にとっては「金の卵」であったからである。ちなみに，高校等への進学率は，1950年には42.5％であったのが，60年代になると急上昇し，65年には70.7％，70年には82.1％，そして74年には90％を超えるに至っている。

　経済界の思惑と逆のこの現象は，70年代に入って受験競争の過熱をもたらし，子どもたちの心身にも悪影響を及ぼすことになり，**国連・子どもの権利委員会からの勧告**が日本政府に対して出されるほどになる。「教育制度が極度に競争的であること，その結果，教育制度が子どもの身体的および精神的健康に否定的な影響を及ぼしていることに照らし，本条約第3条，……に基づいて，過度なストレス及び不登校を防止し，かつそれと闘うための適切な措置を取るべきことを貴締約国に勧告する」(1998年6月)というのである。

　しかし，この間に，このような過熱する受験競争の弊害を緩和することをめざして政府から打ち出される対策というのは，**自由競争原理**の導入によって日本教育の体質を抜本的に改革するというものであった。その先導を切ったのは，中曽根康弘首相（当時）の主導による**臨時教育審議会**（1984-87年）の改革提言であって，わが国の「画一的，硬直的，閉鎖的な学校教育の体質」を打破し，「**個性重視の原則**」に立って「教育の内容，方法，制度，政策など教育の全分野について抜本的に見直し」「21世紀に向けて社会の変化に積極的かつ柔軟に対応していくために」必要とされる資質・能力として「創造性，考える力，表現力」の育成を重視するために，個々の規制を緩和し，学校教育の多様化，選択の機会の拡大など自由競争原理の導入によって学校・家庭・地域の教育力の回復と活性化をはかろうというのである。この教育「自由化」論は，折からアメリカのレーガン大統領，イギリスのサッチャー首相などニューライト（新保守主義者）が進めようとしていた**「新自由主義」の教育改革**，すなわち自由競争の原理を公教育の世界にも導入し，公教育の「スリム化」をはかろうとする動きに同調するものであった。しかし，日本ではこのときまだ機が十分に熟せず，規制緩和に反対する文部省側の抵抗もあったりして，見るべき効果をあげるには至らなかった。ところが1990年代に入る頃から世界情勢は激変する。米ソ冷戦構

造の終焉が画期的で，これにより経済的には世界市場が一挙に拡大し，日本企業の多国籍化・グローバル化も急速に進んで，多国籍企業間の「大競争時代」に突入することになる。国内的には，バブル経済崩壊後の大不況が日本発アジア恐慌・世界恐慌を引き起こすのを防止するため政府も政治改革，行政改革，財政構造改革，金融構造改革等のラジカルな改革に取り組まざるをえなくし，そういう一連の国家構造改革の一環として教育改革にも取り組むことになった。そのような改革構想を提出したのが，中央教育審議会の答申「21世紀を展望した我が国の教育の在り方について―子供に〈**生きる力**〉と〈**ゆとり**〉を」(1996年)である。そこでは，これからの学校教育のあり方について次のように述べられている。「今日の変化の激しい社会にあって，いわゆる知識の陳腐化が早まり，学校時代に獲得した知識を大事に保持していれば済むということはもはや許されず，不断にリフレッシュすることが求められるようになっている。」したがって「これまでの知識の習得に偏りがちであった教育から，自ら学び自ら考える力などの〈生きる力〉を育成する教育へとその基調を転換して」いくことが重要である。この答申を受けて文部省は早速「**教育改革プログラム**」を策定し，学校教育法や学習指導要領の改訂を行うなど着々と施策を進めてきているが，その改革プログラムのなかで教育の「基調の転換」にかかわりのある主な項目をあげてみると次のようになる。

・学校制度の複線化構造を進め，子供や保護者の選択の機会の拡大を図り，中高一貫教育を学校設置者の裁量により導入できるようにする
・数学・物理の分野で希有な才能を有する者を対象に大学入学年齢制限を緩和
・公立小・中学校の通学区域の弾力化の取組みを促進する
・学校週5日制の実施とそのための教育内容の厳選
・「基礎・基本の確実な定着」を図ることと「個性を生かす教育の充実」

このような自由競争原理の導入は，戦後日本の「平等主義」教育を否定し，習熟度別＝能力別指導，**新エリート主義**の教育を推進するなど能力主義の教育をいっそう徹底しようとするものにほかならないといえよう。　　［柴田］

参考文献　碓井敏正『日本的平等主義と能力主義，競争原理』京都法政出版，1997
斎藤貴男『教育改革と新自由主義』子どもの未来社，2004

問題 11　潜在的カリキュラムとは何か

意義　学校教育の場で公式的・顕在的カリキュラムのねらいとは別に潜在的(latent)に学習されていく教育内容のこと。**隠れた(hidden)カリキュラム**ともいう。この概念が教育界に登場するのは，アメリカで教育社会学の研究が進んだ1960年代からのことだが，こうした事実そのものへの着目は古くからあった。アメリカの教育学者W.T.**ハリス**(1835-1909)は，すでに19世紀末に，最も効果的な道徳教育は，学校のもつ制度的構造を通じて間接的に行われるものであり，教室や学校における日常の決まりきったことを経験するだけでも，よい習慣を形成するのに十分であるという考えを述べている。彼が「機械的徳目」と呼んだその習慣というのは，「時間厳守，規則正しさ，静粛」などのことである。そのほかに「清潔さ，礼儀正しさ，正義」などの「社会的徳目」も，学校のもつ制度的雰囲気や教師の良い模範によって形成されると彼は考え，工業化の新時代におけるそれら道徳の社会的意義を強調している。

歴史　公式的・顕在的カリキュラムとは一応別に，学校の制度的構造自体がこのようにして教育的機能を果たすことへの着目は，その後アメリカにおける生活経験重視の教育理論や実践が発展するなかでいっそう強まり，学校において子どもが経験し，活動することの全体がカリキュラムととらえられるようになった。わが国戦後の「学習指導要領 一般編(試案)」(1951年)にも，「本来，教育課程とは，学校の指導のもとに，実際に児童・生徒がもつところの教育的な諸経験，または諸活動の全体を意味している。これらの諸経験は，児童・生徒と教師との間の相互作用，さらにくわしくいえば，教科書とか教具や設備というような物的なものを媒介として，児童・生徒と教師との間における相互作用から生じる」と述べられている。

潜在的カリキュラムは，このような学校における子どもの学習経験の総体のなかに含まれるものだが，学校や教師の計画的・意図的な働きかけとは無関係に，ときにはそれらに反して子どもが学習していく内容をさしている。この潜

在的カリキュラムを、さらに「隠れた（見えない）カリキュラム」と「隠されたカリキュラム」とに分ける見解がある。

「隠れたカリキュラム」を生み出す要因として、**ジャクソン**（Jackson, P.W.）は、学校のなかの集団のありようが子どもの態度や資質に影響を与える「集団生活」、自分の行為を他者（教師や他の子どもたち）がどのように評価するかという、教室での生活の評価機能としての「報酬」、教師の指示や権威に生徒を従わせる教師に付与された「権力」の3つの要因をあげている。

他方、「**隠されたカリキュラム**」について、**アップル**（Apple, M.）たちは、社会の支配層がその支配権を維持するために都合のよい内容を学校教育のカリキュラムのなかに潜ませていることを問題とし、学校のもつ社会的再生産機能に着目している。この点は、きわめて重要である。いわゆる公式的・**顕在的カリキュラム**そのもののなかに、そこで表面的に述べられていること（テキスト）とは相反するようなイデオロギーが裏に「隠されていること」（**ポドテキスト**）を読み取り、それに対処する必要を教師や教育学者に求めているからである。わが国の例でいえば、教科書の検定過程で支配者側の歴史観、家族観、福祉観、ジェンダー・バイアスなどのイデオロギーが押しつけられ、教科書の書き換えをさせられる例が、**家永教科書裁判**などで明らかにされてきたが、そのように訂正させられた教科書だけでなく、すべての検定済教科書にそのようなイデオロギーが浸透していることを見抜くことが求められるのである。

さらに、**イリッチ**（Illich, L.）は、学校教育制度そのものが社会のなかで占める社会的構造を問題とした。現在の学校制度は、子どもがより良い学校に進学し、学校でよい成績をあげること、つまり学歴によって将来の生活が左右されるという内容を子どもたちに伝達し、そのことによって現在の社会体制や学校制度そのものを正当化する「潜在的カリキュラム」の機能を果たしているというのである。潜在的カリキュラムの概念はこのように多義的であり、重層的に入り組んでいるが、その実態把握と変革可能性を追求することは、とくに教育の社会学的研究が担うべき重要課題だといえよう。　　　　〔柴田〕

参考文献　M.W. アップル『教育と権力』日本エディタースクール出版部、1992
M.W. アップル『学校幻想とカリキュラム』日本エディタースクール出版、1986

問題12 課程主義と年齢主義とは何か

　学校における各学年の進級，修了または卒業の要件に関する2つの方式のこと。**課程主義**は，一定の教育課程の修得を条件に修了を認定する方式で，「**修得主義**」とも呼ばれる。その修得は，試験によって認定され，その成績が一定の水準に達していない場合は，留年，落第などの措置がとられる。これに対し，**年齢主義**は，定められた期間修学し，所定の年齢に達すれば，自動的に修了を認める方式であり，「**履修主義**」とも呼ばれる。現在の日本の義務教育段階は6歳から15歳までをその期間として年齢主義，履修主義の原則をとっているが，高等学校や大学は基本的には課程主義，修得主義を原則としている。

　歴史的には，課程主義は，絶対主義国家における義務教育制度に起源があり，1872（明治5）年の「**学制**」では小学校でも課程主義をとっていた。半年ごとに試験があり，合格すれば上級に進むことができる「**等級制**」をとり，その進級にはきびしい試験が課せられていた。だが，原級留置とともに飛び級制もとっていたので，同じ学年（等級）に所属する生徒の年齢にはかなりの差がみられた。このような課程主義から年齢主義にたつ**学級制**へ移行したのは，1891（明治24）年の「学級編制等ニ関スル規則」以後のことだが，他の大部分の国でも義務教育は課程主義から年齢主義に移行しており，現在では年齢主義，履修主義を取るのが一般的である。

　年齢主義のもとでは，修了認定に学力の内容や水準が問われないことに問題がある。教育を権利としてとらえ，子どもの**学習権**を保障するためには，義務教育においても子どもの学習し発達する権利を実質的に保障する原理を考える必要があるだろう。わが国では，義務教育においても教育課程の修得が十分でないと認められるときは修了や卒業をさせない場合もありうる（学校教育法施行規則第27条）ことになっているのだが，弾力的運用も認められており，実際には年齢主義をとってきている。　　　　　　　　　　　　　　　　　　［柴田］

参考文献　真野宮雄・桑原敏明編『教育権と教育制度』第一法規，1988

問題 13　科学と教育との結合とは何か

意義　第2次世界大戦終結後，科学・技術革新が産業界の重要な課題となっていた1950年代後半から60年代にかけて多くの国々で学校の教育内容に現代の科学・技術・文化の達成をより完全に反映させることを目標にしたカリキュラム改造運動が盛り上がるようになった。それは，「**科学と教育との結合**」をスローガンとした「**科学教育の現代化**」とも呼ばれた。このカリキュラム改造運動のなかで科学と教科との関連があらためて問い直され，教科研究にも新しい展望が開かれるようになった。

科学は絶えず発展している。科学の新しい成果を教科内容の体系のなかに組み入れることは従来から行われてきているが，現代の科学や技術の達成を教科の体系のなかにより完全に反映させようとする場合に，科学の内容とは何か，また教科の内容や体系とは何か，そして両者はどのような関係にあるのかがあらためて問題とされることになった。

科学の二側面　「科学」という言葉で一般に意味されるのは，自然や社会の真実・法則性を探究し，認識する人間の活動であるとともに，そのような認識によって得られた科学上の重要な事実・概念・法則・理論（これらをひとまとめにして「科学の知識」とも呼ぶ）である。科学には，こうした認識活動とその結果という二側面があり，それらは不可分に結びついている。科学者の探究は，常にそれまでに得られた科学的知識に基づいて行われる。

教科の内容となる科学についても，従来からこれら二側面が考えられてきたが，重点の置き所には歴史的変遷があり，科学の成果としての知識の習得だけに重点をおく教育もあったし，知識の習得を軽んじ，科学的方法とか態度の形成に重きをおく教育の考え方もあった。

科学教育　「現代化」の理論的典拠ともなった**ブルーナー**（Bruner, J.S.）の『教育の過程』も，これら2つの側面に関して問題を提起している。「教科課程は，その教科の構造をつくり上げている根底にある原理について得られる最も基本

的な理解によって決定されなければならない」として，教科の構造を形成する科学の基本的な観念・原理・概念の学習を重視する「**教科の構造**」の理論とともに，そのような構造の学習にあたって「発見」という方法原理を重視し，「**学び方を学ぶ**」ことの大切さを提起しているのである。

　科学の方法を学ぶことを重視する場合，科学者の認識過程と子どもの認識過程との異同が問題となる。従来の教授学では，両者の共通点より相違点を確認する傾向が強かったのに対して，「現代化」の過程では，むしろ両者の共通性を強調する意見が多く出された。たとえば，理科教育の改革を論じた**田中実**は，
　①小学生は小さな大人である（もちろんそれ以前の時期と比較した上で）
　②子ども（小学生）が自然についての認識を形づくる心理過程は，大人のそれと基本的には同じである。したがって，
　③子どもが，自然についての認識を形づくる心理過程は，科学の一般的方法と，その対象をとりあつかう特殊の諸科学の基本的方法とにしたがう。
という仮説を提起し，その後の理科教育の実践と研究に大きな影響を与えた。

　1960年代，旧ソ連でも科学と教科との関連をめぐる論議・シンポジウムが活発に展開されたが，そのなかで科学の「内容」としては「理論的骨組みと方法と応用的要素」の3つの側面を区別しなければならないとし，教科もある程度このような科学の構造を反映した構造をもたねばならないと物理教育の専門家は主張した。このような論議を踏まえながら，有名な理科教育の専門家・**スカトキン**は，教科の内容に含まれる科学の要素として次のものをあげている。
　①科学の最も重要な事実・概念・法則・理論，②各教科の教材を基にして形成される世界観的観念や理想，③探究や科学的思考の方法，④科学史上のいくつかの問題，⑤知識の応用力を含めた能力・技能，⑥認識活動の方法，論理操作，思考の方法

　教科の内容として，ここではいわゆる「**科学の基本**」としての概念・法則・理論・方法にかぎらず，それ以外の要素をも含むものとされている。教科を学校の教育課程全体のなかに位置づけようとする考えの表れといえよう。［柴田］

参考文献　柴田義松『教育課程―カリキュラム入門―』有斐閣，2000
　　　　　　ブルーナー（鈴木祥蔵ほか訳）『教育の過程（新版）』岩波書店，1986

問題 14　科学教育の現代化とは何か

　科学教育の内容を現代の科学・技術・文化の達成に基づいて更新することはいつの時代にも求められることで，一般的な意味ではそのような更新をさすが，教育史のうえでは 1960 年代にわが国を含め米国・ソ連などの国々で大きく盛り上った科学教育のカリキュラム改造運動を特別の歴史的意義をもつものとして「**科学教育の現代化**」もしくは「**教育内容の現代化**」と呼んでいる。

　歴史　この改造運動の先端を切ったのは米国の物理科学研究委員会（PSSC）による高校物理教育の改革であったが，それが爆発的な広がりを見せるようになったのは，たまたま 1957 年にソ連の人工衛星スプートニクが世界に先駆けて打ち上げられたのを切っかけとしている（いわゆる**スプートニク・ショック**）。米国では，それまでの経験主義教育の批判や科学教育改造の論議が沸騰し，**国家防衛教育法**の成立（1958 年）による連邦政府からの援助や各種財団からの資金援助もあって，高校の数学・自然科学教育を中心にカリキュラムの現代化をはかる運動が急速に全米に広がっていった。そして科学教育に革命をもたらすと自負された **PSSC の物理教科書**をはじめとして，学校数学研究グループ（SMSG）による新数学カリキュラム，生物科学カリキュラム研究委員会（BSCS）の作成した 3 種類の高校生物教科書などの成果が次々と生み出された。さらに，**ブルーナー**の『教育の過程』（1960）は，米国におけるこのようなカリキュラム改革の原理を集約したものだが，学問の構造を反映した「**教科の構造**」の重要性を指摘し，「現代化」の典拠として国内外に大きな反響を呼び起こした。この「構造」の重視には次の 4 つの原理が含まれていた。①基本的なものを把握すれば教科が理解しやすくなる，②教科の細かい部分は，構造化された全体のなかに位置づけられねば，すぐに忘れ去られてしまう，③基本的な原理や観念の理解は，大量の一般的転移を可能にする，④教科の構造と原理に重きをおくことは，高次の知識と初歩的知識との間のギャップを狭める。ブルーナーのこのような教育課程論は，「**学問中心カリキュラム**（discipline-centered curriculum）

とも呼ばれ，20世紀前半のアメリカ教育界に君臨した**デューイ**たちの「児童中心カリキュラム」からの訣別を意味するものでもあった。

わが国教育界で「現代化」を最初に主張したのは，**数学教育協議会**（遠山啓委員長）であった。現代数学の成果と方法を数学教育のなかに積極的に取り入れ，小・中・高校の数学教育体系を根本的に再編成することが研究の中心課題とされ，1960年にはそのような研究の成果と方法を最初に典型的に示すものとして注目を浴びた「水道方式による計算指導の体系」が発表された。**水道方式**というのは，「分析と総合」「一般と特殊」という2つの原則により計算指導の体系を構成しようとするもので，従来の暗算重視を筆算重視の方式に改め，①複雑な計算過程を最も単純な素過程に分解する，②素過程を複合して最も典型的・一般的な複合過程をつくる，③典型的な複合過程から次第に非典型的で特殊的な複合過程に進むという新しい系統性を打ち立てたのである。

この考え方は，民間の教育研究諸団体を通じて他の教科研究にも波及し，数学・理科・社会科・国語などで，検定教科書には見られないような独創的なテキストづくりが進んだ（『わかるさんすう』や『にっぽんご』シリーズ，仮説実験授業の授業書，『人間の歴史』など）。しかし，文部省は，学習指導要領の法的拘束力擁護のため，これらを受け入れることができず，1968（昭和43）年の学習指導要領改訂においては，数学教育を中心に海外の動向を参考にした教育課程の「現代化」をはかるだけであった。

「現代化」を求めた社会的要因としては，科学・技術革新をとげつつあった産業界のより質の高い労働力に対する需要があげられるが，教育界の内部的要因としては従来の経験主義教育による学力低下への批判があった。しかし，1960年代の現代化運動が70年代に大きく後退することになった要因のひとつとしては，「現代化」が科学の体系性を重視するあまり，子どもの経験とか問題意識を軽視する傾向があったことがあげられ，これら両者の欠陥をいかに克服するかが，70年代以降の教育課程研究の基本課題とされるようになっていった。

〔柴田〕

参考文献　柴田義松『教育課程―カリキュラム入門―』有斐閣，2000
　　　　　ブルーナー（鈴木祥蔵ほか訳）『教育の過程（新版）』岩波書店，1986

問題15　生活と教育との結合とは何か

意義　教育は学校のなかだけで行われるものではない。学校教育は，もともと生活のなかでの教育から分かれ出て独立したものである。社会生活の発展・複雑化が学校を要求したのである。生活から発生し，生活の要求によって生まれた学校の教育が，生活との緊密な結びつきを必要とするのは，当然のことといえよう。だが，現実には，生活から遊離した学校教育が以前からしばしば問題とされてきた。生活と教育との結合は，**ルソー**，**ペスタロッチ**，**デューイ**等の近代教授学のなかでも重要な原則とされてきた。

歴史　しかし，学校のどのような教育が生活から遊離しており，どのような教育とどのような生活とが結びつかねばならないのかは，自明のことではない。学校と生活との結合は，ほぼ次の3つの意味で求められてきたといえよう。

①現実の生活そのものが人間形成的な機能をもっているととらえ，そのような生活の教育と学校の教育とを結びつけようとするもの，②学校で教えられる知識が生活の実際を正しく反映すること，知識の真実性への要求，③学校の公共的性格，つまり学校は不当な支配に服することなく，国民全体に奉仕する民主的性格の教育機関になること。たとえば，**クルプスカヤ**は，生活から遊離した古い学校の教育を次のように批判している。「そこでは，生徒たちは机におとなしく坐り，教壇で教師が話すことを聞いていた——生きた現実とは極めて薄い関係しかもたない書物の知識のほかには何も教えず，生徒たちの個性は極力おさえつけられ，厳格な外面的規律によって，生徒たちは教えられる無数の知識を飲み込む何か機械みたいなものにされてしまっている。」

わが国における生活と教育との結合の主張は，20世紀の初頭，**大正新教育**の時代から始まっており，代表的なものとしては，児童の村小学校の教師・**野村芳兵衛**，北方性教育・生活綴方教育の**佐々木昴**たちの実践がある。

第2次世界大戦後には，**コア・カリキュラム連盟**（後に，日本生活教育連盟と改称）に結集した教師・教育学者たちを中心とした**生活教育**の運動が戦後当初

から幅広く展開されたが、とりわけ強く生活と教育との結合が主張されるようになったのは、1960年代から70年代にかけての高度経済成長政策が日本の産業構造だけでなく、都市・農村の生活構造にも重大な変化を引き起こし、そのことが子どもの成長・発達に重要なかかわりをもつ地域の生活環境にも甚大な影響をもたらしたことが契機となり、「**地域に根ざす教育**」の運動が展開されるようになってからである。この運動にはさまざまな意味が込められているが、学校における教育課程編成との関連でいえば、次の4点が重要であろう。

(1) 学校で教える教育内容を地域の実態と結びつけ、教材を地域の中に求める運動。たとえば、地域の歴史や自然を調査研究したり、地域の文化財や自然の保護事業と教育とを結びつけ、教材化する運動。

(2) 地域に生き、地域の課題を追求する住民の運動と結びつきながら、地域における生産生活の実態、地域住民の不満や要求、生活改善の闘いや努力を教材化する運動。

(3) 地域における子どもの生活や経験を教材化しようとするもの。地域の生活のなかで子ども自身がとらえ、身につけてきているものの見方、考え方、感じ方を大切にし、それにはたらきかけ、それをより合理的なものにつくりかえていく教育活動。

(4) 子どもの生活の中に地域を取り戻す運動。地域に昔から伝わる遊びとか伝統文化を継承したり、親たちとともにする労働や各種の社会奉仕活動を組織したりして、こうした体験を通して生きる力を育てていく運動。

このような地域に根ざす教育の研究と実践は、科学教育の現代化運動との関連でみると、後者のもっていた弱点を補うものでもあった。「**科学教育の現代化**」を推し進めていた民間の教育研究団体は70年代にはいる頃から「生活と教育との結合」を重視し、地域における子どもの生活経験とか問題意識と見合うように教科の内容を吟味し、教材を編成することを通して、科学的概念を固定化せず、民衆の立場に立って科学自体をとらえ直すようにもなっていったのである。　　　　　　　　　　　　　　　　　　　　　　　　　　　　　[柴田]

参考文献　川合章『生活教育の100年』星林社，2000
　　　　　　柴田義松『教育課程―カリキュラム入門―』有斐閣，2000

問題 16 労働と教育との結合とは何か

　子どもに労働を教えるという行為は，人類の歴史とともに始まっているといえるだろう。なぜなら，「人間が動物から区別される最初の歴史的行為は，人間が思考するということではなくて，かれらの生活手段を生産し始めるということであった」と考えられるからである。生産労働は，人間生活の第一の基本条件となるものである。この労働の能力は人間に生得的なものではない。労働能力をふくめ，人間的感性や認識の能力は，人間が労働するなかで発達させてきたものである。「労働は，人間そのものをつくりだした」（**エンゲルス**『自然弁証法』）のである。人間の労働は，さらにいつでも社会的なものであり，人々は互いに協同して自然に立ち向かってきた。この労働の社会的性格が，労働する能力や技術の世代から世代への授受を必然的なものにした。**教育の淵源**は，まさに人間が社会的に労働することにあったのである。

　歴史　しかし，労働の教育が特別に意識され，問題とされるようになったのは，労働と教育との分離，つまり肉体労働に従事するものと精神労働に従事するものとの分離が進行し，人々の労働を管理し統制する精神労働は生産手段の所有者の側に移行し，肉体労働者は労働の生産物を自分のものにしえないばかりか，労働手段をも奪われ，自分の労働能力自体さえ自分の自由にならず，単なる生産手段として他人に使用される「疎外」状態にまで追いやられるようになったことが契機となったと考えられる。人間のこのような「疎外」状態がヨーロッパ社会で顕著となってきた 16, 17 世紀に，労働が再びすべての人間のものとなり，万人が平等に協同して働く理想社会を求めて，そのような社会を空想的に描き出す**ユートピア思想**が現れた。万人皆労の平等社会では，労働の教育がすべての子どもに対して行われる。**トーマス・モア**の『**ユートピア**』（1516）をはじめとするこの時代のユートピアンの労働教育思想のなかに，後の総合技術教育の考え方の基本となるものがすでに表されていた。

　すべての人間を全面的に発達させるための教育原則として，労働と教育との

結合を考える思想は，このようにしてトーマス・モアに始まり**ロバート・オーエン**に至る**空想的社会主義者**たちに見いだされる。旧東独の**クラップ**は，**マルクス**以前のこれら空想的社会主義者たちの思想にあらわれた労働と教育との結合の原則の内容として，①すべての人間のための生産労働の教育，②すべての人間のための十分な知育，③身体を強壮にし，健康を維持するための手段としての肉体労働，④教育における理論と実践との統一，⑤労働と教授とを交代させることによって教授効果をあげること，の5点をあげているが，さらに**マルクスとエンゲルス**によってこれらに付け加えられた内容としては，第1に，この原理が誇張と空想から解放され，大工業の段階における資本主義的生産様式の発展の分析に基づいて，現実社会におけるその原理の実現の可能性を明らかにしたこと，第2に，この原則の実現を労働者階級の政治的要求の一部として示したことをあげている。

　マルクスは，資本主義的大工業の分析に基づいて，**大工業の本性**そのものが，労働者の**全面的発達**を必然的なものにすること，またその可能性も資本制大工業の諸条件のもとで発生することを説いたのである。すなわち，「大工業は，いろいろな労働の転換，したがってまた労働者のできるだけの多面性を一般的な社会的生産法則として承認し，この法則の正常な実現に諸関係を適合させることを，大工業の破局そのものを通じて，死活の問題とする」（マルクス『資本論』第1巻，第13章）

　これとは別に，アメリカのジョン・**デューイ**が，産業革命後の社会生活の現実と結びついた学校のあり方，すなわち工場制度の出現により子どもの周囲から失われ，工場の塀のなかに囲い込まれてしまった生産活動を学校に取り戻すことが，現実の社会的要請に応えるとともに，子どもの興味や要求にも応える学校となることを主張し（デューイ『学校と社会』岩波文庫），実際に伝統的な「書物学校」を子どもが木工・金工・編物などの作業を行う「**労作学校**」に転換する**デューイ・スクール**の実践によって，20世紀新教育運動の魁となったことも注目に価する歴史的事実といえよう。　　　　　　　　　　　　　［柴田］

参考文献　クルプスカヤ（勝田昌二訳）『国民教育と民主主義』岩波文庫，1954
　　　　　　田中喜美『技術教育の形成と展開』多賀出版，1993

問題17 総合技術教育とは何か

　総合技術教育の問題を提起し，その理論的基礎づけを最初に行ったのは，**マルクス**と**エンゲルス**である。マルクスたちは，精神労働と肉体労働との階級的分裂を克服した社会における人間の全面的な発達のための教育として，生産労働と教育との結合とともに，生産の主要部門について理論および実践の両面から教える総合技術教育の必要性を主張した。

　このような思想の萌芽は，**トーマス・モア**などの**ユートピア思想**にすでにあらわれている。**ルソー**，**ペスタロッチ**など近代の教育思想家たちもこれを受け継いでおり，労働や技術の教育を，子どもの知育と結びつけ，とりわけ労働を基礎として結ばれる社会的諸関係の認識の発展を重視し，職業教育としてよりも労働一般に向けて準備する教育として労働・技術の教育を意義づけている。

　マルクスたちは，資本主義的大工業の経済学的分析に基づいて，**大工業の本性**そのものが「労働の転換，機能の流動，労働者の全面的可動性を必然的にする」こと，「工業生産全体の科学的基礎を理解し，各人が一連の生産部門全体を初めから終わりまで実地に習得した全面的に教育された生産者の種族」を必要とすることを明らかにした（マルクス『資本論』第1巻，第13章）。そして，マルクスたちは，このような総合技術の教育とともに，生産**労働と教育との結合**が，社会の生産力を向上させるだけでなく，**全面的に発達**した人間をつくり出す唯一の方法であり，また社会を改造する有力な手段でもあると考え，労働者階級の政治的要求の一環として，9歳以上の児童に対する「技術教育」の内容を次のように規定している。「あらゆる生産過程の一般的な科学的原理を教え，同時に児童や少年をあらゆる仕事の初歩的な道具の実地の使用と取り扱いとに習熟させるもの。」（マルクス，1866）

　このような教育思想に基づき，旧ソ連をはじめとして社会主義の諸国では，小・中学校を「**労働学校**」とも呼びかえて，総合技術教育の研究と実現に努力した。総合技術教育を学校で実践する場合，単に労働の教育を総合技術的性格

のものにするだけでなく，学校の教育課程全体を総合技術教育を原理として編成することがはかられた。このような教育課程編成の原理としての総合技術教育を**ポリテクニズム**（polytechnism）と呼ぶ。旧ソ連の学校におけるポリテクニズムの実現に指導的役割を果たした**クルプスカヤ**は，次のように述べている。

「総合技術教育の内容は何か？　この内容が単に一定量の技能の獲得に帰着するとか，あるいは他の人たちが考えているように多種の手職教育に，あるいは現代の，それも最高の技術形態の研究のみに帰着すると考えるのは間違っているだろう。ポリテクニズムというのは，技術をそのさまざまな形態において，その発展とそれのあらゆる媒介物のなかで研究することが基礎になった全一的体系である。ここにはマルクスが〈自然のテクノロジー〉と名づけた生物学の研究も，材料の工学（テクノロジー）も，生産用具やそのメカニズムの研究，エネルギー工学の研究もいる。ここにはまた，経済諸関係の地理的基礎の研究，採取や加工の方法が労働の社会的形態におよぼす影響とか後者が社会制度全般におよぼす影響の研究もいる。

ポリテクニズムは，何か特別の教科ではない。それは，あらゆる教科に浸透しなければならないものであり，物理でも化学でも，自然科でも社会科でも教材の選択に反映しなければならない。それら教科の相互の結びつき，それらと実践活動との結合，特にそれらと労働の教授との結合が必要である。このような結合のみが，労働の教授に総合技術的性格を与えることができる。」

このような総合技術教育の実現は，旧ソ連の学校でも実際には容易でなかった。手工業主義への歪曲とか科学の体系的教授の軽視，あるいは逆に生活や労働からの遊離といった偏向を重ね，試行錯誤を続けた。クルプスカヤは，「総合技術教育の発展を妨げているものは，大工業の未発達である。しかし，この障害は年毎に弱まっていくだろう」と述べていたが，その見通しは甘かったといわざるをえない。資本主義のもとではその実現はいっそう困難であるが，部分的にもせよその道を切り開こうとする努力は各国で試みられているといえよう。

［柴田］

参考文献　柴田義松『ソビエトの教授理論』明治図書，1982
田中喜美『技術教育の形成と展開』多賀出版，1993

問題18 政治教育の意義と課題について述べよ

意義 政治に対する理解を深め「良識ある公民たるに必要な政治的教養」(**教育基本法**第8条1項)を身につけるための教育をいう。ここでの「公民」は日本国憲法での主権者とほぼ同義であり、「政治的教養」は政治や制度に対する知識、理解力、公正な判断力のみならず、政治道徳や政治的信念までも包摂した概念とみることができる。これは、戦前の公民教育が天皇制や忠君愛国というイデオロギーにおける臣民教育として行われ、国家主義や軍国主義への道を開いたことに対する反省を踏まえた文言といえるだろう。

展開・動向 わが国の教師は学制頒布(1872年)以降、**集会条例**(1880年)、**小学校教員心得**(1881年)、**治安警察法**(1900年)、**治安維持法**(1925年)等のさまざまな法令によって市民的自由を剥奪されると同時に、政治的活動も著しく制限されていた。戦前においては反政府行為そのものが重大な犯罪とみなされ、翼賛(天皇を賛美し服従する行為)のみが正当化されており、その意味では、政治教育は形式的には公教育であっても、内容的には「臣民」教育という私教育に属していたといえる。

戦後は、民主主義化の流れのなかでこれほど極端な動きはみられなくなったが、憲法、教育基本法の改正問題をはじめ、社会科や道徳教育などの教科において、それらの残影はしばしば愛国心、ナショナリズムなどに姿を変えて浮上してきている。戦後制定された**国家公務員法**(第102条)、**地方公務員法**(第36条)、**教育公務員特例法**(第21条の3)、教育の政治的中立に関する法律等において教員の政治的行為の制限が明記されたが、そのなかでもとりわけ重要な位置を占めるのが「**教育の中立性**」の問題である。

教育が特定のイデオロギーに偏してならないのはいまさらいうまでもないことであり、その点では教育における中立性の確保はとりわけ政治教育にあって重要な課題となる。学校における政治教育は、社会科、歴史、公民等の教科において政治に関する学習を行う以外にも、学級活動、ホームルーム活動、児童

（生徒）会などの特別活動を通じても行われる。しかし，**教育基本法**第8条2項には「法律に定める学校は，特定の政党を支持し，又はこれに反対するための政治教育その他政治的活動をしてはならない」と明記してあり，学校での政治教育にはおのずから限界があることが示されている。また**宗教教育**に関しても，私立学校は別として「国及び地方公共団体が設置する学校は，特定の宗教のための宗教教育その他宗教的活動をしてはならない」（第9条2項）と定められている。しかし，何をもって「中立」「宗教」とみなすかは難しい問題をはらんでいる。たとえば後者の宗教活動にしても，特定の宗教名を出さずとも教師本人の信念を語るうち，それが宗教的信条に基づいており，いつの間にか生徒が感化を受けるということも十分ありうるのである。

　教育の中立性をめぐっては，1954（昭和29）年の「教育二法」成立にかかわる経緯と「**偏向教育**」問題に言及しておかなければならない。53年，山口県教職員組合は独自の教材を作成して授業を行ったが，その教材が「偏向」しているとの批判を浴びることになり（山口日記事件），早速文部省は全国の知事と教育委員会宛に通達（「教育の中立性維持について」）を出した。京都の旭丘中学校でも1954（昭和29）年に市教育委員会から偏向教育是正勧告が出され，山口県や岐阜県教組の社会科資料などとともに24の「偏向教育の事例」として国会資料として提出された。教育活動を行っていた3教員に対しては懲戒免職処分が下され，その後取り消しをめぐって裁判が行われたが結局処分決定を覆すことはできなかった。

　こうした動きのなかで成立した「**教育二法**」は，教職員の政治活動をきびしく制限するために制定されたものであり，1954（昭和29）年制定の「**教育公務員特例法の一部を改正する法律**」（**教特法**）と「**義務教育諸学校における教育の政治的中立の確保に関する臨時措置法**」（**中確法**）の2つをさす。前者は，公立学校教員の政治的行為の規制を国立学校教員に対する規制（国家公務員法第102条，人事院規則14-7）と同等とし，処罰は地方公務員法による懲戒処分にとどめるものとした。また後者は，党派的影響・支配から教育を守るとともに，「義務教育の政治的中立を確保」し，教員の「自主性を擁護」（第1条）することを目的として掲げ，特定の政党等を支持，もしくは反対させるための教育を教唆・

扇動した者に対する罰則を定めた（第3条）ものである。

　法案成立までには多くの学会や各種教育団体が反対運動を展開したが，強行採決によって教育二法は成立し，その後，学校の教育現場において，政治的教養に触れること自体「偏向教育」の処罰対象となる恐れから，教職員の自己規制が強まり政治の話題をタブー視する風潮が顕著になった。

　さらに1956（昭和31）年の「**地方教育行政の組織及び運営に関する法律**」（**地教行法**）では，教育委員の公選制を廃止し首長による任命制としたのをはじめ，上意下達のシステムが強化されたことで教育行政の民主化や独立性が弱められ，「**教育の中立性**」の危機が叫ばれたが，1999（平成11）年の「**地方分権推進一括法**」の成立により従来の管理統制はやや緩和され，地方の自律や学校の裁量権拡大の動きがみられるようになった。

　課題　政府・与党を支持するかぎりそれらがよほど極端なものでなければ「政治的行為」とみなされることは少なく，反政府行為のみが「政治的行為」として取締りの対象となる。その点で法と国家論の枠組み構築が重要である。

　政治学者の**ダントレーヴ**は，国家を A.「実力」（force），B.「権力」（power），C.「権威」（authority）の3視点で見る議論を展開している。国家を実力と見る A は，いわゆる政治的現実主義の立場であって，実効性（efficacy）以外には一切関心を向けない立場であるという。これに対して B の権力説は，実力を法によって制限し，合法性（Legality）に国家の特徴を見いだす。最後の C は，A や B の立場に満足することなく，法の根拠と政治的服従義務への自覚的な問いかけを掲げ，正統性（legitimacy）を国家論の中心においている。彼は，3者間には一種の上下関係があり，A → B → C へと上昇するものと考えている。実力説がいわば必然として国家を描き出すのに対して，権威説において国家は単なる偶然ではなく，自由との関係を考察することが理論的関心ないし課題となる。西欧の国家観の基本的特徴としては，政治的服従義務についての議論を提起し，まさに権威説的国家観を確立した点にある。その点からも政治教育は今後，さまざまな観点から分析・検討する必要があるだろう。　　　　［森岡］

参考文献　宇沢弘文ほか編『国家とは』（講座5）岩波書店，1989

問題 19　宗教教育の意義と課題について述べよ

意義　一般には宗教に関する知識や儀式を通じて宗教的情操を育成する教育を総称するが，広義には超宗派的な教育によって宗教一般への理解と関心を深めさせようとする一般的宗教教育，狭義には特定の宗派の教理や行事などを通じてその宗派の布教を目的とする宗派的宗教教育をさす。

展開・動向　宗教は原初的なものを含めれば，いかなる社会にも存在するといっていいほどにその社会的成員にとって身近なものであった。近代以前の社会においては，教会や寺院などの宗教施設が重要な教育的機能を果たしており，わが国でも寺子屋は庶民の**識字教育**に不可欠の存在であった。しかし社会の近代化とともに公教育の制度化が国家的事業となるにともない，信仰の自由を基本的人権として保障する動きのなかで，狭義の宗教教育は否定され公教育の世俗化が進んだ。上記の文脈において，近代以前のヨーロッパにおける代表的な教育思想家としては**エラスムス**（1466-1536），**ルター**（1483-1546），**コメニウス**（1592-1670）などをあげることができる。彼らはキリスト教の教義に基づき教育を宗教活動と同義のものとしてとらえつつも，旧来の教授法などに対しては仮借ない批判を加えることによって新たな展望を開いた。

　近代啓蒙主義の時代において，個人の理性能力の形成の問題と宗教教育との関係を論じ，個人の理性の判断力によって宗教を選択させるべきであることを主張したのが**ルソー**（1712-78）であったが，これに対して**シュライエルマッヘル**（1768-1834）は，感情への働きかけを宗教教育の主要課題とする考え方を打ち出した。その後**フレーベル**（1782-1852），**ディルタイ**（1833-1911）などによって，宗教教育における理性と感情の問題がさらに深く検討された。

　近代国家において国民教育制度の整備が急務となるとともに，宗教と政治，教会と国家の分離が叫ばれるようになって公教育と宗教教育との関係がクローズアップされることになったが，その位置づけと形態は国によって大きな違いがみられる。アメリカでは1791年の合衆国憲法修正第1条が信教上の自由を

規定し，1827年に公立学校から特定宗派（狭義）の宗教教育を排除する最初の規定「**学校における宗教教育に関する規定**」（マサチューセッツ州）が出されたが，1913年以降は正規の時間を狭義の宗教教育に当てる州もみられるようになり，その後進化論と創造説をめぐってしばしば論争が交わされた。1971年には州の立法が政教分離の原則に合致しているか否かの基準（レモンテスト）が定められるとともに，公立学校で創造説を科学として教えることは違憲とされるようになった。イギリスは，1870年の初等教育令において公教育での狭義の宗教教育を禁じたものの広義の宗教教育は認められており，1944年，1988年の教育法などでさらに詳細な規定によってその基本精神が継承されている。

わが国では，戦前において国家神道による偏った教育と他の宗教の排除がみられたことから，戦後はその反省に基づき1947年の**教育基本法**第9条に宗教に関する寛容の態度や知識，意義等を規定し，第2項で公教育における狭義の宗教教育を禁止する文言を明記した。2003年の**中央教育審議会答申**では，それらの条項を継承しつつ人格形成における宗教的情操をはぐくむことが重要であるとして，道徳を中心とする活動との関連で専門的検討を行うなどその充実をはかることが提起された。

課題 2001年9月の同時多発テロ事件によってイスラム教（ムスリム）に対する関心が急速に高まるとともに，一部ではイスラム教自体を悪とみなす傾向もみられるようになった。またフランスでは一時，イスラム教徒の女子生徒のスカーフ着用についても感情的な禁止論が沸き起こることもあった。このような見方に対しては十分な警戒が必要である。わが国では，テロ発生後まもなく開催された衆議院文部科学委員会，および中央教育審議会の教育制度分科会において一定の宗教教育の必要性が確認された。今後の宗教教育は，宗教と科学の双方向の研究なくしては意義あるものとなりえない。「いかに生きるべきか」「いかに死すべきか」という問いは単に宗教のみならず，哲学や倫理学，さらには科学そのものに突きつけられている普遍的な「生の意味づけ」の根源的な問いにほかならない。

〔森岡〕

参考文献 江原武一編『世界の公教育と宗教』東信堂，2003

問題20 国際理解教育の意義と課題について述べよ

意義 人種・民族的相違や文化的・地理的境界を越えて世界の人々との相互理解を深め，世界平和，基本的人権，福祉等の価値実現のための能力を育成する教育をいう。第2次世界大戦後の1946年に，20カ国が参加してパリを本部として創設された**ユネスコ**（United Nations Educational, Scientific&Cultural Organization；国際連合教育科学文化機関）は，憲章第1条に「正義，法の支配，人権および基本的自由」を謳い，その実現のために教育，科学，文化を通じて諸国民間の協力を促し，平和と安全に貢献すべきことを標榜した。わが国は1951年に加盟し，その後日本ユネスコ委員会を中心に国際理解教育が推進されてきた。その間**ユネスコ**は「世界共同社会に生活するための教育協同実験学校」（1960年から「ユネスコ協同学校計画」と改称）を発足し，「人権」「他国」「国連」の実践研究が行われた。

展開・動向 その後の動向のなかで最も注目されるのが1974年のユネスコ総会で採択された「国際理解，国際協力及び国際平和のための教育並びに人権及び基本的自由についての教育に関する勧告」である。同勧告には以下の7項目の指導原則が掲げられ，その後の国際理解教育における指針とされた。以下，要旨のみ列挙する。

(1) すべての段階・形態の教育に国際的側面，世界的視点をもたせるべきこと。
(2) 国内外すべての民族の文化・文明・価値・生活様式に対する理解と尊重。
(3) 諸民族・諸国民間に世界的な相互依存関係が増大していることへの認識。
(4) 他の人々との交信能力。
(5) 個人・社会的集団・国家間には相互の権利と義務があることの認識。
(6) 国際的連帯・協力の必要についての理解。
(7) 個人が社会・国家・世界全体の諸問題の解決への参加を用意すること。

さらに同勧告は，人類の主要課題として民族，平和・軍縮，人権・人種差別，開発，人口，環境などを掲げ，上記7原則と人類課題に基づきながらその後の

ユネスコの運動が展開された。1994年には「**国際教育会議宣言**」が採択されるとともに，翌年の総会では価値の認識，非暴力，寛容，未来を選択する能力などを盛り込んだ行動計画が採択された。その後のユネスコの動向は国連の平和活動にも影響を与え，2001年から10年間にわたる「平和と非暴力」宣言に至るが，飢餓，疫病，環境破壊，戦争などに苦しみ多くの子どもが死に追いやられている現実の世界的状況は，それらの理念との大きな落差をみせている。

　課題　わが国でも，中央教育審議会答申や臨時教育審議会答申以降，80年代後半から，急速な国際化や情報化，海外帰国子女の増加等を背景に国際理解教育の実践や研究が盛んに行われるようになったが，それはまだ英語圏を中心とした限られた範囲内での国際理解であったといえる。1990年代に入って欧米中心の国際理解教育に新たなアジアの視点が導入されるとともに，以前から日本に居住していた韓国人や朝鮮人などの外国人（オールド・カマー）のみならず，最近日本にやってきた外国人労働者（ニュー・カマー）などとの共生問題（多文化共生）が主要な課題（内なる国際問題）として立てられるようになった。

　とはいえ，そうした流れは必ずしも楽観視することはできない。かつて，2002（平成14）年の学習指導要領中「国際理解に関する学習の一環としての外国語会話等」は，「総合的な学習の時間」を英語教育に振替えるきっかけともなった。「国際理解教育」と「英語教育」が等号で結ばれる危険性は現在ますます大きくなっている，といってよいだろう。学力低下の批判を受けて改定中の新学習指導要領では，総合的な学習の時間が他の教科に振替えられる際に安直な「国際化」に堕してしまう可能性も否定できない。

　これまでの「総合的な学習の時間」には多くの批判があったにせよ，なかには優れた実践で国際理解教育に大きな役割を果たした学校も確実に存在した。たとえばクラスの外国人児童を中心に日本人と外国人父母をも含めた参加型・体験型の授業実践を通じて「内なる国際化」「多文化共生」に成果をあげてきた学校も少なくない。基礎基本の学力形成はもちろんきわめて重要であるが，国際理解教育が再び欧米中心（端的にいえば英語中心）の表面的な「国際」理解へと逆戻りしないような心構えが必要であろう。　　　　　　　　　　［森岡］

参考文献　佐藤郡衛『国際理解教育』明石書店，2001

問題21 平和教育の意義と課題について述べよ

意義 人間の生命の尊厳の思想に基づいて，平和を築き維持するための諸条件と担い手をつくり出す教育をいう。一般には，消極的平和（戦争や直接的暴力のない状態）と積極的平和（人権や物的・心的諸条件の保障された状態）を総称して用いるが，最近では前者だけでなく，環境問題やいじめなどの人権問題を含んだ後者の「構造的暴力」の視点が強調されることも多い。

展開・動向 古代ギリシャやローマにあっては戦争と対置された「国家」による平和思想の理念的源流（たとえば「パクス・ロマーナ」ローマによる平和）がみられ，中世にはそれが「教会」に代置されるが，16世紀以降は，新大陸の発見や宗教改革，絶対主義国家の出現とともに，戦争は宗教や国家という2大権力によって正統化されるに至った。その一方で，ヒューマニスト（エラスムス，モア，ラブレー，モンテーニュなど）や，**ラトケ**，**ヴィヴェス**，**コメニウス**などが教育との関連で平和について論及し，独自の平和論を展開した。

18世紀になると，百科全書派や**サン＝ピエール**，**ルソー**などによって戦争自体を悪として退ける思想が広まり，その後**カント**によって永久平和のための世界連邦案が構想されるに至った。しかしその後，国家間の競争激化が強まるとともに「平和」の概念は強者の論理によって空文化されてしまう。こうした動向のなかで，**マルクス**は独自の階級史観によって平和の阻害要因を説明し，その後の平和観に大きな影響を与えた。とはいえ，当時はまだ戦争そのものの規模が相対的に小さかったため犠牲者の数も少なく，したがって戦争に対する反省も根底的なものにはなりえなかった。戦争に対する深刻な反省から，本格的な平和教育が展開されるのは20世紀に入ってからである。

平和教育は，第1次世界大戦後，極端なナショナリズムや愛国主義に対する反省から始まり，国際連盟の結成という成果を生み出した。第2次世界大戦を抑止することができなかったという限界はあったものの，国際連盟は平和教育に一定の役割を果たした。第2次世界大戦後はこうした運動が国際連合や**ユネ**

スコに継承され，1948年には，世界の平和の基礎を人権の確立に求め，あらゆる暴力に抗して平和を確立しようとする「**世界人権宣言**」が出されて平和教育の方向性が示された。当時，イギリスの詩人で芸術教育に造詣の深かった思想家の**リード**（Read, H.）は「平和のための教育」（1949年）において，平和を維持するためには攻撃性を減じ，平和を願う感情を育てることが必要であること，そしてそのためには，芸術活動による美的感情の涵養，人間相互の理解が不可欠であることを説き，その後の平和教育に大きな影響を与えた。

また第2次世界大戦後は，核兵器の出現がかつてない大量殺戮と長期間にわたる深刻な非人道的影響力をもたらし，人類はあらためて戦争の恐怖と愚かさに直面することになった。つまり，核戦争といういわば勝者なき戦争のシナリオの結末が人類そのものの滅亡に至ることを，人類は認めざるをえなくなったのである。とはいえ，核兵器をもって核兵器を抑止しようとするという最大のジレンマとパラドクスは，同時に大国のエゴをも浮き彫りにする結果となった。

2001年9月11のアメリカにおける同時多発テロを契機に「平和のための戦争」のスローガンがまたもや息を吹き返し，「核兵器を見つけ出す」口実でブッシュ政権はイラクへの侵攻を開始した。「イラク人民の平和のための戦争」を標榜し，テロリストやそれらを支援しているとみなされた反米的諸国（北朝鮮を含むいわゆる「ならず者国家」）に対する政策は，もはや国際法や国際制度（国連を含む）ではなく，軍事力によってアメリカの安全と利益を優先しようとする**ユニラテラリズム**（単独主義）に陥ってしまった。

その後，ブッシュ政権はテロリストに対する攻撃の目的を掲げて核実験，核兵器，先制攻撃に対しても積極的な姿勢をみせ，**パクス・アメリカーナ**（アメリカによる平和）は軍事政策と切り離せないものになっているが，それはかつての**ガンジー**などの非暴力による平和論の対極にあるというべきであろう。アメリカにおける同時多発テロが，それまで反目しあっていたロシアのプーチン政権との距離を一挙に縮めることになったのは，いかにも皮肉な歴史的事実といわなくてはならない。というのもロシアにおいては，チェチェン人をはじめとする連邦内の民族問題が最大のアキレス腱になっており，「平和」を標榜して軍事力によって反勢力派を押さえ込むには，ブッシュ政権の論理はまさに絶好

の口実となったからである。

　唯一の被爆国であるわが国は、「われわれは全世界の国民が、ひとしく恐怖と欠乏から免かれ、平和のうちに生存することを確認する」（**日本国憲法**前文）とともに「個人の尊厳を重んじ、真理と平和を希求する人間の育成を期する」（**教育基本法**前文）ことを宣言したにもかかわらず、いまもって憲法や教育基本法の改正を主張する声は絶えることなく、戦争の悲惨さに関する記憶も徐々に風化しつつある。ところがその一方では、加害者としての日本軍の残虐行為をめぐる歴史教育問題が中国や韓国をはじめとするとするアジア諸国などで高まりをみせるとともに、わが国の戦争責任問題や靖国参拝問題がナショナリズムなどとの関連でクローズアップされるようになってきた。

　課題　このように、平和教育においては戦争の悲惨な体験の伝承や史実の検証とともに、核兵器の廃絶や戦争放棄に向けた取組みが重要であることについてはいうまでもないが、近年は人権教育や環境教育、さらには国際理解教育、開発教育などとの関連で、論点の広がりと深さを増してきている。エスニック・マイノリティや社会的弱者に対する人権保障問題（被差別地域・在日外国人などに対する偏見と差別、アパルトヘイト、紛争と難民など）、環境・エコロジー問題（自然破壊やエネルギー問題など）、開発と貧困、といった広範な領域での取組みが、今後の平和教育には避けて通れない課題であるといえる。

　平和教育においては、単なる心構え論や「可哀想に」といった心情的レベルの対応だけでは真の平和は永遠に望めないことを、児童・生徒に理解させなくてはならない。そのためには、なによりも歴史的・社会的事実を批判的に認識する能力が重要になってくる。新聞や雑誌、テレビなどの身近なマス・メディアに対して常に関心をもちつつ、情報を多角的にとらえることによってそれらのデータを鵜呑みにせず適否を判断しうるだけの能力が、今後の平和教育には必要不可欠である。形式的な民主主義は、しばしば多数決による強者の論理をもって「正義」論にすり替えるが、こうした大人の世界の強弁が子どもたちに引き継がれ、いじめや仲間はずれなどの誤った同調行動を引き起こす原因になっていることをわれわれは忘れてはならない。　　　　　　　　　　［森岡］

参考文献　堀尾輝久ほか編『平和・人権・環境教育国際資料集』青木書店，1998

問題 22　環境教育の意義と課題について述べよ

意義　環境（問題）に関心をもつとともに，環境保全ならびにより良い環境を創り出していく人類共通の課題解決をめざした活動に関する，知識・能力・態度等を形成する教育をいう。

展開・動向　アメリカでは，1970年に「**環境教育法**」が81年までの時限立法として制定され，その後「**全米環境教育法**」（1990年），「**合衆国環境保護庁**」の設置というかたちでいち早く環境教育に対する取組みがみられた。

環境教育の国際的動向もほぼ同様の経緯をたどりつつ，徐々に広がりを見せるようになってきたが，その発端となったのは1972年の**国連人間環境会議**（**ストックホルム会議**）であり，全体会議で採択された人間環境宣言の原則第17では環境教育の必要性が指摘されるとともに，勧告第96項において環境教育の目的が「自己を取り巻く環境を自己のできる範囲で管理し規制する行動」の育成にあることを明記した。こうして国連環境計画（UNEP）が発足し，**ユネスコ**との協同で本格的な国際環境教育計画（IEEP）の取組みが始まった。

1975年の**ベオグラード憲章**は環境教育の目的として意識化，知識，態度，技能，評価能力，参加の6項目を掲げ，75年から77年に開かれた地域環境教育専門家会議でもその成果が検討された。1977年のトビリシ会議において40の勧告と12原則が採択されたが，この「**トビリシ宣言**」は，環境教育を総合的な生涯教育と位置づけて人類と国家の連帯を訴え，その後の環境教育の基本的方向を決定づけた。

1987年のモスクワ会議ではカリキュラム，教材，教員などの具体的な問題点が論じられて一定の進展をみせたが，同年，環境と開発に関する世界委員会は最終報告書（通称**ブルントラント報告**）において開発と環境破壊の問題を俎上に載せ，「持続可能な開発」の概念によって自然環境と人口開発を融和させようと試みた。1989年にはユネスコの「**ヴァンクーバー宣言**」が，人類共通の敵は環境のバランスを崩す行為である，との見解を明らかにし，さらに92年

のリオ・デ・ジャネイロにおける「環境と開発に関する国連会議」(地球サミット)は、**ブルントラント報告**に登場したSustainable Developmentの概念を導入し、先進国の環境破壊に警鐘を鳴らしたが、これはDevelopmentが「発展」と「開発」の内容を含む両義的概念であることから、環境汚染や資源の枯渇を招かないような秩序ある開発(「持続可能な開発」)を提唱したものである。「**環境と開発に関するリオ宣言**」では、アジェンダ21において行動計画が示されるとともに、環境教育の分野に「持続可能な開発」の概念が導入され、1997年にユネスコとギリシャ政府の主催でテサロニキ会議が開催されてさらに論点が深められた。一方、1977年からは10年ごとに環境に関する政府間会議も開かれるなど、さまざまな取組みがみられる。

2002年にヨハネスブルクで開催された「**持続可能な開発に関する世界首脳会議**」では、日本政府の提案が出され、わが国でもその提案に即した環境教育が2005年から展開されることになった。

わが国では1960年代後半から、民間レベルで公害問題が関心を集めていたが、70年の指導要領改訂で社会科に公害教育が登場し、続いて74年には科学教育において「環境教育カリキュラムの基礎研究」が位置づけられた。以後、1991年に「環境教育指導資料」の中学・高校編が、翌年には小学校編が作成され、95年には事例編が出された。そこでは環境教育の課題として、①家庭、学校、地域それぞれにおいて行う、②あらゆる年齢段階に応じて体系的に行う、③知識のみならず技能、態度の育成をめざす、④消費者教育の視点を併せ持つ、⑤地域の実態に応じた課題に取り組む、といったことが掲げられている。

翌96年には**中央教育審議会**第1次答申が「環境問題と教育」を取り上げ、環境問題を「**総合的な学習の時間**」のテーマのひとつとして掲げ、以下のような提言を行った。①子どもたちの発達段階を考慮するとともに各教科などの連携を図り、環境の保全やより良い環境の想像のために主体的に行動する実践的な態度、資質、能力を育成すること、②前記項目の遂行のために、地域社会においてもさまざまな環境にかかわる学習機会の提供に努めること。しかし、学力低下の問題と連動して学習指導要領の改訂問題が浮上しており、今後は総合的な学習における環境問題への取組みにも影響が出てくることが考えられる。

他方，政府レベルでは1986年，環境庁に環境教育懇談会を設置，88年には教育指針をまとめるとともに環境教育専門官を配置し，92年度からは環境保全活動推進室が設置された。1993年には**環境基本法**が制定され，第25条において環境教育の推進が規定されたが，こうした動きに呼応して95年からは子どもエコクラブへの支援，「環の国暮らし会議」を組織するなどの活動が展開されている。2003年にはNPOの政策提言による議員立法「環境保全の意欲の増進および環境教育の推進に関する法律」が成立し，新たな展開が始まった。

　課題　今日の地球環境の悪化の原因としては，先進国の「浪費」型，新興工業国の「経済発展優先・環境軽視」型，開発途上国の「天然資源食いつぶし」型などのパターンがあり，ナショナリズムも絡んでその解決は容易ではない。また環境問題を列挙してみても熱帯林の減少，地球温暖化，オゾンホール，酸性雨，生物種の減少，砂漠化の進行といったマクロな次元のものから，都市化や過疎化，大量生産と消費，産業廃棄物の問題等身近なミクロなものまで，その領域はきわめて広大である。

　現在わが国で行われている環境教育の実践では自然体験，野外活動などの参加型が主流を占め，主に小学校中・高学年にかけてごみ処理やリサイクル，川の水質検査，動植物の栽培・飼育（ビオトープなど），居住地域の観察と体験学習などを中心的活動としているが，それぞれが個別にプログラムされていることが多く，相互の関連性や中等教育との連続性・系統性はさほど明確ではない。これまで総合的な学習の時間を用いて環境教育を行ってきた学校にとって，総合的な学習の見直しによるしわ寄せが懸念されるところであり，受験科目重視の体制にシフトすることで，これまで蓄積されてきた環境教育の活動が停滞・中断することも十分考えられる。

　しかし，これをむしろ環境意識を高める好機ととらえ，ステロタイプ化したり，漫然と体験学習などを行ってきた部分を見直す視点も必要である。NGO/NPO（非営利組織）や各種メディア，生涯学習，地域社会などとの関連で問題点を整理，統合し，あらためてPlan（計画）Do（実行）See（評価）の基本的サイクルによって環境教育のあり方を点検する時期にきていると思われる。　　　　　　［森岡］

参考文献　長谷敏夫『国際環境論』時潮社，2000

問題23 福祉教育の意義と課題について述べよ

意義 社会福祉(問題)に対する理解・関心を高めるとともに、実践的活動の育成をはかるものであり、①児童・生徒に対する学校での福祉教育、②地域における一般市民に対する福祉教育、③大学などの機関における福祉専門職の養成、に分けられる。従来は社会的弱者に対する慈善恩恵的なニュアンスが強く啓蒙的な活動が多かったが、最近は**人権教育**としての福祉教育という視点から、すべての人間に共通する人権の保障と生活水準の向上をめざす活動にシフトしつつある。社会福祉は、**憲法**(第13条、25条)や生活保護法以外にも児童、社会、老人等に対する各福祉法が制度化されており、福祉教育においては国民の権利としての社会福祉に関する知識を高めていく必要がある。

展開・動向 わが国での福祉教育は、1950年代の赤い羽根共同募金にあるとされるが、70年代には社会福祉協議会の主導で「学童・生徒のボランティア普及事業」が始まり、以後、高校生などの社会参加促進事業や婦人奉仕活動事業へと広がりを見せた。さらに、東京都社会福祉協議会や全国福祉協議会の各福祉教育研究委員会による定義づけの試みなどを通じて、「福祉教育」は「権利教育」として位置づけられるようになり、「福祉を学ぶ権利」「国民的福祉教養」「異質共同」の基本原理によってその後の方向性が示された。

少子化・高齢化によって、いまや社会福祉はすべての国民の身近な生活課題となってきており、しかも両者は同根の課題をかかえ込んでいる。現在の若年層はまもなく、自分あるいは配偶者の両親の社会福祉の問題に直面せざるをえなくなるが、少子化によってその介護の負担は経済的にもさらに大きなものとならざるをえない。きょうだいが多ければ社会福祉サービスの人的・精神的・経済的負担を相互に分かち合うことも可能であるが、少子化は子どもの個人的負担を大きくさせるからである。社会福祉サービスを例にとってみても、従来の入所型(たとえば特別養護老人ホーム)ばかりでなく、在宅福祉サービスの充実を必要としており、そのことは社会福祉が地域福祉の問題と密接に関連して

いることを示している。学校における福祉教育ではこうした点を念頭におき，地域社会に開かれた活動を体系的に組織化するものでなくてはならない。

　課題　現在，福祉教育が主導的に取り組まれている教科は「**総合的な学習の時間**」であり，障害者や高齢者との交流やボランティア体験による「交流体験的学習」，目隠しや歩行困難な状態を人為的につくり出した「模擬体験的学習」，地域や養護施設などへの「調査的学習」，データの分析などによる「研究的学習」，福祉の実態を権利保障の観点から調べる「人権学習」などが，多くの学校で実践されている。また，児童(生徒)会やクラブ活動でも，学校行事に高齢者や障害者を招いたり，自助具の製作や募金活動を行っている例も多く，それ自体は一定の成果を収めているといえるだろう。

　しかし「総合的な学習の時間」の見直しが始まろうとしている現在，再検討すべき事項がいくつかある。そのひとつが，擬似体験学習等の安易な導入による誤った心情主義や態度主義の助長である。ヨーロッパ等における人権意識の確立した地域では，車椅子に乗った人々は特別な扱いを受けることもなく，周囲の人々がごく自然に車椅子の移動を手伝ったりする光景を見かける。しかし，そうした人権意識の十分育っていないところでは，福祉教育も一歩間違えば，ハンディキャップをもつ人たちに対する差別意識(彼らを見て「かわいそう」と感じること自体が，一種の差別である)を芽生えさせかねない。

　またもうひとつの問題点は，ボランティア活動に関するものである。本来は**ボランティア**(volunteer)は自由意志に基づいて，自発的に奉仕活動をすることをさすが，学校教育法等の改正によって「ボランティア活動などの社会的奉仕体験活動」の充実が法的に義務づけられ，外的拘束力をもつことによって本来の意義が失われてきている。大学入試においても，学力試験以外の入試においてボランティア活動を高校時代の活動業績として記載している例も多く，しかもその活動期間はきわめて短期間で明らかに入試用の点数稼ぎとしか見られないケースが増えてきている。こうしたことからも，今後は教師の福祉教育に対する知識を高めるとともに，理論化された実践活動によって地域との連携と子どもの変容をめざすことが必要である。　　　　　　　　　［森岡］

　参考文献　村上尚三郎ほか編『福祉教育論』北大路書房，1998

問題 24 人権教育の意義と課題について述べよ

意義 すべての人間が生まれながらにもっている不可侵の権利を人権といい、人権教育はその保障をめざして展開される教育活動を総称したものである。わが国の場合、より具体的には、日本国憲法に規定された基本的人権の保障、ならびに教育基本法における「個人の尊厳」と「個人の価値」を尊重して「人格の完成」をめざして行われる教育活動をいう。

展開・動向 人権は事実命題（人権は～である）ではなく規範命題（人権は～であるべきだ）であるために、人権に対する多数の人々の社会的要求によってのみ正当化されるものである。フランス革命期の**人権宣言**（1789）から始まる「人権」の歴史がそのことを物語っているが、現在の人権概念を方向づけたのは1948年に国際連合総会で採択された「**世界人権宣言**」である。前文において人間の尊厳を謳い、以下、差別の否定、基本的自由、法の下の平等と裁判を受ける権利、生活権、社会権、教育権など第30条が定められた。この動きを受けて**ユネスコ**も、1960年の第11回総会で「教育における差別待遇の防止に関する条約」を採択し、人格の円満な発達、人権、基本的自由を強調した。また1966年の国連総会では「国際人権規約」（A.社会権規約、B.自由権規約、および前者のための選択議定書から成る）が採択され、締約国に対して拘束力をもつことになり、実体化に前進がみられた。1974年の**ユネスコ**第18回総会で採択された「国際理解、国際協力及び国際平和のための教育ならびに人権及び基本的自由についての教育に関する勧告」や「学習権宣言」（1985年第4回ユネスコ国際成人教育会議採択）、さらには国連の「発展の権利に関する宣言」（1986年）等を経て、第3世代の人権論としての「人権教育」は多元的な連帯・共存から学習権の内容にまで踏み込むことになったのである。

こうして基盤の整えられた人権教育が定着するのは1990年代になってからであり、**世界人権会議**（1993年、ウィーン）の翌94年に、国連総会は「**人権教育のための国連10年行動計画**」を採択し、1995年から2004年までの10年間

の計画目標として以下の5項目を掲げた。

①人権教育推進の効果的戦略，②各地域レベルでの人権教育推進計画の実践，③人権教育教材の開発，④人権教育に関わるマスメディアの強化，⑤世界人権宣言の普及・広報活動。

わが国でもその動きを受けて日教組をはじめ，部落解放同盟，全国同和教育研究協議会などが活動を展開した。日本政府も1997（平成9）年に「国内行動計画」を発表，2000（平成12）年には**「人権教育および人権啓発の推進に関する法律」**が制定され，多様な機会の提供，効果的な手法の採用，国民の自主性の尊重と実施機関の中立性を軸に人権教育推進の法的整備が進められた。

課題　わが国ではこれまで**同和教育**が人権教育において重要な位置を占めてきており，表面的には以前ほどの差別はみられなくなった。とはいえそれがすべて解決されているわけではなく，今後も根気強い取組みが必要とされる。同様に，いわれなき差別としてはそれ以外にも，高齢者，女性，子ども，障害者，アイヌなどの先住民，在日外国人などに対する多くの差別がいまだ未解決のまま残されている。

これらの人権問題を解決していくためには，規範命題としての「人権」概念を事実命題に近づける努力が必要とされる。具体的には「人権」概念のタクソノミー（抽象度のレベル）に応じて，単なる言葉のみによる内包的学習ではなく，明確な外延的事実を志向した教育が行われなくてはならない。そのためには，心情主義的・態度主義的な心構え論ではない手法を用いて，事実を分析・批判する判断能力を生徒に形成することが必要不可欠である。当然そのプログラムは幅広く，かつ当事者との対話を中心としたものでなくてはならないだろう。また，「人権」概念のタクソノミーの差異は，学校内のカリキュラムと学校外のカリキュラムのさまざまなレベルを想定する。たとえば人権教育を行う教科の役割分担と横断的パラダイム（国語，社会，道徳，総合的な学習の時間等における個別性と共通性），生涯学習での対象年齢・関心・発達度に応じた「人権」のテーマ配列とアプローチなどを検討していくことが今後の課題になるであろう。

［森岡］

参考文献　日本教育学会『教育学研究』（人権と教育特集）1995年9月

問題 25　異文化理解教育の意義と課題について述べよ

意義　相異なる文化に所属する人々が共生していくために，他文化への理解を深め，自文化を相対化してとらえる視点や認識方法の獲得を通じて，相互の価値観や行動様式に対する寛容性・柔軟性・開放性などの資質・能力を形成していくための教育をいう。国際化・グローバル化といった用語の氾濫のなかで，われわれはとかく外国偏重の「外に開かれた」教育を異文化理解教育と考えがちであるが，地域における異質との共存，異文化との共生といった「内に開かれた」教育の存在をも忘れてはならない。異文化理解教育はいわば，この2つを車の両輪とする現代社会における文化システムの搬送体なのである。

展開・動向　異なった文化をもつ人々が共生していくためには相手の文化を知ることがまず必要不可欠であるが，その出会いはまた双方に自らの文化に対する「気づき」を引き起こす。これらを総称して「**カルチュラル・アウェアネス**」と呼び，異文化との接触によって意識の変容がもたらされる。その変容は異文化に対する好意であったり敵意であったりもするし（拝外と排外），さまざまな同化と適応のレベルがありうる。たとえば外国にはじめて行った日本人が，その異質の文化に圧倒されて劣等感をもち，外国かぶれをして日本の悪口ばかり言い始めたり，逆に，誤った優越感によって理由もなく相手の文化を見下したりすることがよくみられる。

　後者の重要なファクターとなっているのが**エスノセントリズム**（自民族中心主義）であり，他民族や他文化の排斥に至ることが多い。われわれは自文化の価値・規範といった認知体系によって日常生活が規定されているため，無意識のうちに自文化を絶対視（いわば「自分の文化」というサングラスをかけて相手の文化を見る）しがちであり，エスノセントリズムから完全に逃れることはなかなか難しい。そこで，**ハーコウィッツ**は「寛大なエスノセントリズム」と「好戦的なエスノセントリズム」という用語によってエスノセントリズムを分類し，後者は自らの価値を押し付けようとするものであるとして，それを克服して前

者に至るべきことを説く。彼にとって寛大な**エスノセントリズム**とは，自らの価値観や価値体系で相手の文化を判断したとしても，自他との文化的差異を許容する立場をさす。その際，ステレオタイプや偏見，先入観から自らを解放するためには，他文化に対するトレランス（寛容性）や自他の文化に対する相対主義などが重要となる。比喩的にいえば，寛大なエスノセントリズムとなるためには，これまで掛けていた（あるいは掛けていることにすら気づかなかった）自分の文化色の濃いサングラスをはずすか，それが無理だとしてもせめて色の薄いサングラスに掛け替える必要があるということになるだろう。

　課題　物的・人的交流の活発化と情報化の驚異的な進展によって，異文化集団間の距離は表面上は以前に比べてはるかに縮まったように見えるが，真の異文化理解教育を推進していくために今後取り組むべき課題は少なくない。**ベーカー**（Baker, C.）は，民族集団間の関係，および文化の多様性に対する認識を深化させるためには以下の7項目が重要であるとしている。

　①言語や文化にかかわりなく，すべての個人および少数派集団は基本的に平等である，②民主主義において民族，文化，言語的な起源にかかわりなく，機会は均等である，③支配的権力集団による少数派への顕在的・潜在的差別の排除，④文化的に多様な社会における人種差別や民族中心主義の排除，⑤世界観形成における文化的行動の一般化は容認しつつも，文化的ステレオタイプを退ける，⑥とくに少数派文化集団では，異文化間認識の前提条件として自らの文化を認識することが必要である，⑦少数派言語集団の親は，多文化教育では子どものパートナーとなる。

　わが国においても近年，国際化やグローバリズム，異文化間教育への関心が高まるとともに，エスニシティとしての在日外国人などの問題以外に，社会的に不利な条件下にある人々の問題点の分析が論じられることが多くなった。異文化理解教育が，単なる文化の違いを「理解」するだけの文化的教養主義に陥らないためにも，反人種主義，反差別を明確に主張している点で，**ベーカー**の指摘は今後の動向に示唆するところが大きい。　　　　　　　　　　［森岡］

参考文献　小林哲也・江淵一公編『多文化教育の比較研究─教育における文化的同化と多様化─』九州大学出版会，1997

第2章　教育課程の構造

問題 26　教科カリキュラムの意義と変遷について述べよ

　意義　学校において教授すべき知識，技能，態度などの教育内容を，教育目的に応じて領域ごとに区分したものを教科（たとえば国語，算数，理科，社会など）といい，それらの教科の体系をもってカリキュラム（教育課程）を構成するものをさす。以前は経験的カリキュラムと対比的に用いられることも多かったが，最近では形式的対比の不毛性が指摘されて，既存の教科の枠を超えた課題に対応できるカリキュラム改革が探求されている。戦前の日本においては，初等教育では教科課程，中等教育では学科課程とし，両者の配列を教育課程と称していたが，戦後はそれらを区別して教科，教育課程と呼ぶようになった。

　変遷　古代ギリシャにおいて最も重要な教育内容とされたのは魂の学としての音楽，身体の学としての体操であり，「体操は身体の音楽であり，音楽は魂の体操である」という言葉からもうかがえるように，両者は人格形成上で密接不可分のものとしてとらえられていた。ローマ時代には雄弁術が主な教育内容となるが，同時に**7自由科**（**自由7科**ともいい，文法・修辞学・弁証法の3学と，算術・幾何学・天文学・音楽の4芸をさす）の伝統は中世に引き継がれ，ヨーロッパにおけるキリスト教（スコラ哲学）を支える主要教科の位置を占めた。とはいえ，その内容は厳密な意味での構造や教材配列の原理（たとえばコメニウスのいう連続性，段階性などの原理：易から難へ，近から遠へ，など）に乏しく，初級と中級の科目の授業が並列して同時に始まることもまれではなかった。

　ルネサンス時代には，ギリシャ語やラテン語の古典（語）の学習を通じて全人的な人間形成をめざす人文主義的教育の台頭によって，教育課程の明確化がはかられ学校教育も徐々に組織化されるようになった。その後，人文主義の形式化が進む一方で，**コメニウス**などの提唱する母語や実学的な教科が重視されるようになりカリキュラムの体系化がはかられたが，それは同時に形式陶冶を

重視する人文主義と実質陶冶に基づく実学主義の学校間の争いを意味していた。

　17世紀以降は科学の進歩にともない啓蒙主義による教育内容の再編が進み，その後百科全書的な近代教科論が誕生した。18世紀のフランス革命期の公教育計画は，3R'sに道徳，自然，経済などを加えた教科を初等普通教科とし，数学，博物，物理，政治，法律，文法，形而上学，論理，歴史，地理，道徳などを中等普通教科としたが，これらの教科カリキュラムが実体化されるまでには至らなかった。19世紀以降は教育における階層差が進行し，現代外国語，歴史，地理，数学，博物，物理・化学，図画などの近代教科を中等教育に導入する動きもあったが，支配者階級においては依然として古典教科が中心教科であった。20世紀には，生活と教育の結びつきが強調されるようになり，家庭科，保健体育科，職業科等の生活教科が加わって，現在の教育内容がほぼ出揃った。

　20世紀初頭のアメリカ公教育における**進歩主義**と**本質主義**の対立が，学校教育の根本的なカリキュラム問題を浮き彫りにした。アメリカでは，児童の自発性や自己活動を掲げて活発な運動を展開していた新教育運動が40年代には衰退し，基礎科目の系統性や教師の主導性を主張する本質主義が台頭する間，経験カリキュラム，相関カリキュラム，広領域カリキュラム等の試みが精力的に行われた。そのことが結果的には，「教科」の枠組みと構造に対する理解を深化させたといえるだろう。1950年代には「学問中心カリキュラム」の開発が進められたが，こうした動きはすべて，日本の教科カリキュラムに対する考え方にも大きな影響を与えた。

　わが国では戦後，アメリカなどの影響を受けて**コア・カリキュラム**や相関カリキュラムのような，教育内容統合型の経験カリキュラムが**新教育**として登場したものの，基礎学力低下の批判を浴びて1950年代には教科カリキュラムへシフトした。こうした経緯は，現在の「**総合的な学習**」が学力低下の批判にさらされて再検討を迫られている図式に酷似している。教科の統廃合や複数教科のクロスなどさまざまな試みも見受けられるが，今後は二項対立・二者択一的論議をこえたカリキュラム論の検討が必要である。　　　　　　［森岡］

参考文献　柴田義松編著『教育課程論』学文社，2001

問題 27　教科外カリキュラムの意義と変遷について述べよ

意義　学校における教育活動は A. **教科活動**（国語科・社会科などの教科の指導を行う）と B. **教科外活動**（学校行事・クラブ活動・学級活動などによる指導）の 2 種類の形態がある。A はさらに基礎教科（国語科・算数科など），内容教科（社会科・理科・家庭科など），技能教科（技術科・美術科・音楽科・体育科など）に分類されることもあるが，「教科外カリキュラム」は B を中心とした活動のカリキュラムをさし，extra-curricular activities と呼ばれる。わが国においては「生活指導」と同義に扱われることも多い。

A が系統的に組織化された文化内容の知的教授（陶冶）を中心とした活動であるのに対し，B は子どもの人間性やしつけなどにかかわる「訓育」を中心とした教育活動である点に，相対的な違いがみられる。1951（昭和 26）年の**学習指導要領**の改訂において学校での教科外活動の重要性が指摘されて以来，現在では「道徳」「特別活動」「総合的な学習の時間」の領域をさす場合もあるが，「総合的な学習の時間」は A を主たる領域とするもの，「道徳教育」や「特別活動」は B での生活指導を中心として行うものとみることができる。

変遷　陶冶と訓育をめぐる問題は，教育学の歴史において古くから論議を呼んだ重要な課題である。学校の最も重要な社会的任務は社会的な知的文化財の伝達にあることから，3R's（読み・書き・計算）を中心とした陶冶的側面にまず重点がおかれた。同時に，学校という場は教師・生徒による教育（学習）集団，生活集団でもあることから，生徒の「陶冶」活動に付随する教師からのさまざまな間接的な働きかけや，生徒の人格発達に直接影響を及ぼすような「訓育」活動が学校のもうひとつの重要な役割となった。古くは宗教的な秘儀や戒律によって訓育活動を行うことが多かったが，近代化に向けて学校と教会の機能分化が進み公教育が国家の重要な課題となってくると，それらは世俗的（非宗教的）な規範に基づいた道徳などの訓育活動に取って代わられるようになった。

公教育における陶冶と訓育をめぐる問題点を浮き彫りにしたのが，フランス

革命期における「**コンドルセ案**」(「公教育の全般的組織に関する法案」(1792年)と「**ルペルシェ案**」(1793年)の対照的な視点である。**コンドルセ**(1743-94)は,公教育を社会の進歩と安定の第一要件と位置づけるとともに,知育重視,無償制,男女共学,中立性の維持などの近代公教育の原理を打ち出し,その後の「**フェリーの教育改革**」(1881, 82年の2回公布,公教育からの宗教教育の排除)などに大きな影響を与えた。これに対して「ルペルシェ案」は統制主義的立場から就学を義務化するとともに,徳育を重視して実質的平等を保障しようとした。両者の視点は必ずしも教科外カリキュラムの領域に直接踏み込んだものとはいえないが,公教育における陶冶(知育)と訓育(徳育)の位置づけを明確にした点で重要な意義が認められる。

近代の学校教育における教科外教育論(実践)の源流としては,まず**ペスタロッチ**(1776-1827)や**ヘルバルト**(1776-1841)の「訓育的教授」理論をあげることができる。ペスタロッチは「生活が陶冶する」という生活教育論を実践した人物として知られ,その後の教育改革思想にも少なからぬ影響を与えた。またヘルバルトの教育論においては,訓練が教授と同様に陶冶的意図をもつべきものとして教授と訓練は相互依存的にとらえられており,広義の生活指導に近い考え方が提示されている。ただ,ヘルバルトの思想には教授と訓練が分離・対立して位置づけられている部分があり,アメリカでの**ガイダンス理論**として展開されるとともに,わが国での新教育運動などにおいて生活指導の領域で普及をみたが,その適応主義的な側面が批判を浴びることになった。

またもうひとつの源流としては,1910年から4半世紀にわたってアメリカで展開されたクラブ活動などの課外活動の実践があげられる。前頁の意義で触れた extra-curricular activities は,このコンテクストでは「課外活動」と訳したほうが文意に添う場合が多い。第1次世界大戦後には課外活動が正規のカリキュラムに組み込まれて教育課程化され,履修単位が認定されるようになり,以来,「教科カリキュラム」と「教科外カリキュラム」が並存するようになった。

わが国では1950年代に教科指導の領域では生活単元学習と系統学習の論争がみられたが,その論争の成果を踏まえながら1960年代には生活指導をめぐって,活発な議論が交わされるようになった。前述したようにアメリカでのガイ

ダンス理論に対して適応主義的・個人主義的・形式主義的であるとの批判が高まるなか，集団主義・人間主義に基づく生活指導がクローズアップされるようになったが，その原型は生活綴り方教育に求められる。「赤い鳥」などの童心主義的な綴り方に対して，リアリズムを基本におき「表現活動は生活指導である」として表現と生活の問題から生活指導の必要性が論じられ，その過程で多くの論争を生んだ。

そのなかでも，集団主義理論が生活指導に与えた組織論（核・班・討議づくり）の思想的影響を見逃すことはできない。1950年代には「教育は学習指導と生活指導の2つから成る」として，生活指導を機能概念としてとらえようとする**宮坂哲文**と，生活指導を領域概念として考えるべきであるとする**小川太郎**との間で論争が交わされたが，その後も生活指導をはじめとする教科外教育の独自性をめぐって多くの議論が展開された。

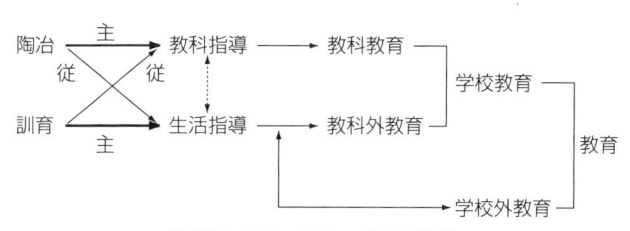

```
陶冶 ─主→ 教科指導 ──→ 教科教育
   ╲  ╱                       ┐
   従╳従              学校教育 │
   ╱  ╲                       │教育
訓育 ─主→ 生活指導 ──→ 教科外教育 │
              ↑                │
              └──────── 学校外教育 ┘
```

教科外カリキュラムの複層的構造

教科外カリキュラムの構造を上で図示した。教科外カリキュラムは，学校教育において行われるが，同時に学校外教育とも接点をもつ。しかしながら，こうした観点から教科外カリキュラムの内容と方法に関する問題点を発達の次元で包括的に論じた研究は少なく，現在に至るまで，教科と教科外教育，教科外活動の区別すら明確にされていないのが実情である。開かれた学校への転換が叫ばれているいま，学校外教育をはじめとする地域社会との連携のなかで学校教育に課されている課題とは何か，があらためて問われている。　　　［森岡］

参考文献　柴田義松他編『新しい学校文化の展望』日本書籍，1994

問題 28　教科の系統性とは何か

意義　学習する教科内容が前後に論理的なつながりをもち，前段階の学習がその後の学習の基礎になるとともに，その学習の理解を容易ならしめるような教科指導をさす。たとえば算数の授業で，足し算や引き算のわからない生徒に掛け算や割り算を教えることはできない。掛け算や割り算はそのなかに足し算や引き算の操作が組み込まれており，しかも掛け算の9・9の習熟なくしては解答を出すことが不可能だからである。9・9は足し算の集積であり，単にその原理を知っているだけでは不十分で，何度も繰り返して「暗記」しすぐさま再生できる状態にしなくてはならない。すべての教科に，固有の系統性がある。

　そのうえ，教科の系統性は子どもの認識の発達段階に応じたものでなくてはならず，**ヴィゴツキー**のいう「**生活的概念**」の段階の子どもに「**科学的概念**」を無理やり注入しても，有害無益である。われわれも日常的に「太陽が昇る」とはいってもそれは生活言語のレベルの話であって，地球を中心に太陽が回っているという「天動説」を信じているわけではない。科学的概念では「地動説」を理解しているからこそ，生活的概念を対象化して科学的概念にいわば「翻訳」できるのであり，これがいわゆる知識の構造化である。

展開・動向　教科の系統性のみならず，教育の営みそのものをパンソフィア（汎知学）の壮大なスケールで描き出し，「近代教授学の祖」と呼ばれた**コメニウス**（1592-1670）の名を教育史のうえで逸することはできない。彼は学校体系を家庭学校（幼児期），母国語学校（児童期），ラテン語学校（青年期），アカデメイア（成人）のそれぞれの6年ごとに分けて，感覚，記憶，悟性，意志の発達過程に対応するものと考えた。たとえば，史上初とされる絵入り教科書『世界図絵』は動物や鳥などの鳴き声（オノマトペ）を使って，アルファベットを直観的に楽しく学べるような工夫に満ちており，子どもの発達段階に対する配慮がうかがえる。また，全33章から成る**『大教授学』**では，「近いものから遠いものへ」「感覚から知識へ」「易から難へ」「全般的なものから個別的なものへ」

といった教授学の諸原則が，卵・雛・親鳥への成長過程などを例にとりながら自然界をモデル化して系統的・段階的に示されている。こうした教育観は「自然は飛躍しない」という彼の言葉に端的に反映されている。

　こうした考え方をさらに精緻に構造化していったのが，**ダヴィドフ**をはじめとするロシアの教授学者であった。彼は教科の系統性は，一般的な関係の学習から特殊的なものへ進むべきであることを強調し，それらの一般的関係を視覚的モデルで提示することを説いた。またすべての概念は，その発生条件を子ども自らが検討するという方法で習得されるべきであるとして，対象的行為から内面的な知的行為のプロセスを構想した。わが国での数学教育協議会による「水道方式」は，上述のプロセスを念頭においたものである。

　課題　心理学者の**イテリソン**は，教科および教材の主要な特質として，A.内容，B.形式，C.難易度，D.意義，E.教材のわかりやすさ，F.構造，G.量，H.教材の情動的特質，等をあげ，算数の勉強と文法の勉強との違いなどを例にとりながら，「後続の要素の部分的なあるいは完全な予想可能性は，その材料のなかに，大なり小なり明瞭な法則性が存在するかどうかによってきまる」と述べて，「構造性，すなわち教材の諸部分の論理的・意味論的・構文論的関連を強めることにしたがって」学習が容易になることを指摘している。上記のAからHまですべてが教科の系統性を構成しているが，それは当然教材提示の順次性とも深く関連している。

　さらに彼は，学習過程調整の諸原則のなかで，普遍的で最高の原則とみなされるようなものはないとして，「あるものは，ある種の教授学的問題の解決に効果的であり，他のものは他の種の問題解決に効果的なのである」と述べ，教授＝学習過程のプログラミングと調整において，これら原則の最適な組み合わせを探求すべきであると主張している。これまでのわが国の教育論争においても，しばしば外国の教育理論が国情の違いを超えて直輸入され，相互排除的・二者択一的な性急な一般化が行われるとともに，「木に竹を接ぐ」様相を呈することが少なくなかった。教育実践をいっそう豊かならしめるためにも，諸理論の適用範囲の可能性と限界を厳密に検討することが必要である。　　〔森岡〕

参考文献　柴田義松『教育課程―カリキュラム入門―』有斐閣，2000

問題 29　必修教科と選択教科の意義と課題について述べよ

意義　学校の教育課程のうち，生徒全員が履修すべき教科が必修教科，選択履修と定められている教科が選択教科である。現段階では，初等教育（小学校）においてはすべての教科が必修となっており，必修教科と選択教科の2類別が行われているのは中等教育（中学校・高等学校）以降であり，高等教育（大学等）では専門分野に応じて多様な必修教科と選択教科を設けており個別差が大きい。

展開・動向　中学校における教科と標準授業時数は表の通りであり，このうち国語，社会，数学，理科，音楽，美術，保健体育，技術・家庭，外国語の9教科が必修教科であるが，選択教科は上記教科および**学習指導要領**で定めるその他とくに必要な教科となっている。ただし，選択教科に充てることのできる授業時数は週1-5時間となっており，第1学年で0-30時間，第2学年で50-85時間，第3学年が105-165時間，と学年進行で増加している。

中学校学習指導要領では各教科，道徳，特別活動について「いずれの学校においても取り扱わなければならない」ものとし，必要に応じて内容を加えて指

別表第2　中学校の年間標準授業時数

区分	各教科の授業時数									道徳の授業時数	特別活動の授業時数	選択教科などに充てる授業時数	総合的な学習の時間の授業時数	総授業時数
	国語	社会	数学	理科	音楽	美術	保健体育	技術・家庭	外国語					
第1学年	140	105	105	105	45	45	90	70	105	35	35	0〜30	70〜100	980
第2学年	105	105	105	105	35	35	90	70	105	35	35	50〜85	70〜105	980
第3学年	105	85	105	80	35	35	90	35	105	35	35	105〜165	70〜130	980

備考
1　この表の授業時数の1単位時間は，50分とする。
2　特別活動の授業時数は，中学校学習指導要領で定める学級活動（学校給食に係わるものを除く。）に充てるものとする。
3　選択教科等に充てる授業時数は，選択教科の授業時数に充てるほか，特別活動の授業時数の増加に充てることができる。

導する場合には「第2章以下に示す各教科，道徳，特別活動および各学年，各分野または各言語の目標や内容の趣旨を逸脱したり，生徒の負担過重となったり」しないよう定められた。一方，選択教科については学校や生徒の実態を踏まえて，「必修教科や総合的な学習の時間との関連を図りつつ」選択教科の授業時数や内容を定めるとともに，指導計画を作成することが規定されている。

また高等学校においては，生徒の特性や進路等に応じて「多様な各教科・科目を設け生徒が自由に選択履修することのできるよう配慮する」よう定められた。高等学校では国語，地理歴史，公民，数学，理科，保健体育，芸術，外国語，家庭，情報が必修となっており，教科のもとには複数の科目を設定してそれぞれに標準単位数を定めるものとしている。上記科目のうち保健体育（2単位）と体育（7-8単位）はすべての生徒が履修することが義務づけられているが，その他の部分に関しては「生徒による選択を基本」とするとして大幅な多様性が認められている。

課題　「必修教科と選択教科」との関係は，公教育における「平等と自由」の関係の象徴的アナロジーということができる。それぞれの項目において，すべての国民に共通に必要な知識・能力・技能を保障しようとすれば前者に比重がかかる（必修＝平等）ことになるし，各人の個性や能力に応じた教育を行おうとすれば後者に比重がかかる（選択＝自由）ことになる。いわば両者は，相互排除的なジレンマ（dilemma）の関係にあるといえるだろう。初等教育ではほとんどが必修教科であるのに，中等教育，高等教育という学校系統の上昇にしたがって選択教科の幅が増大するのはそのためである。教育のプロセスは共通性から専門性・多様性への移行ということになるが，その流れはすでに中学校にまで及んできており，その動きを警戒する声も聞かれるようになってきている。おりしも，さまざまな国際学力評価テストで日本の子どもたちの低学力化が問題になると同時に学力格差が進行している現在，高等教育もその問題を避けて通ることはできなくなっている。　　　　　　　　　　　　　　　　　　　　　　［森岡］

参考文献　柴田義松編著『教育課程論』学文社，2001

問題30 普通教育と専門教育の意義と課題について述べよ

意義 すべての人が学ぶべき，基礎的な知識や技能を保障するための教育が普通教育である。これに対して専門教育は，特定の職業生活や専門職に必要な知識・技能を教育するための職業教育および高度に専門・分化した知識等の教育を総称していう。

憲法第26条，**教育基本法**第4条では義務教育が普通教育とされ，学校教育法において各学校の目的として初等普通教育（小学校），中等普通教育（中学校），高等普通教育および専門教育（高等学校）が定められている。小・中学校の義務教育段階では普通教育の教科等によってカリキュラムが組まれているが，高等学校では専門教育が加わり，普通教育を主とする学科（普通科），専門教育を主とする学科，および普通・専門教育を選択履修する学科（総合学科）に分類され，大学では広範な知識と深く専門の学芸を教授研究することが目的とされている。

展開・動向 〔普通教育〕古代ギリシャの教育はパイデイアと呼ばれ，人間性の教育，全人的教育を含意したものであった。「教科カリキュラム」の項で触れた**7自由科**がその後の基本的な教育機能を担うことになるが，ルネサンスには自由教育の理念が掲げられ，人間教育の普遍性を「徳」に求めようとする機運が高まった。こうして近世末には，パイデイアの普遍的意味と一般陶冶の重要性が広く人々に認識されることになる。

その後，普通教育は徐々に国家との関連性を強め，1717年のプロイセン（ドイツ）における**フリードリッヒ・ヴィルヘルム1世**の「**義務就学令**」公布後，ほぼ半世紀近く経た1763年に**フリードリッヒ大王**が公布した「**一般地方学事通則**」は，5歳から13-14歳を義務教育年齢と定めて信仰心と徳の涵養を教育目的として掲げ，宗教，国語，算数，実地生活の教科が設けられた。その政策意図は，農民層を教育することによって，信仰心に篤く読み書きのできる軍人を獲得することにあったとされている。その後，国民として必要な基礎教育は

ナショナリズムへの傾斜を強めていった。

　19世紀初頭には新人文主義の思想が普通教育の改革に大きな影響を与えるようになり，シュタイン・ハルデンベルクの改革政策（1807年）の中心人物として知られる**フンボルト**は，教育局長に就任して精力的に教育改革に取り組み，単線型学制や近代的義務就学に関する規定を盛り込んだ法案を作成して，近代公教育の基礎を築いた。同法案作成には**ジュフェルン**の功績が大きかったとされるが，彼の**「学校制度に関する一般法案」**（1819年）には，両親や学齢児童の雇用者において「児童に所定の普通教育を授けるべき年齢は，ふつう7歳ないし14歳とする」との文言があり，男女ともに6歳から13歳までの初等教育が義務であることが明記されているのは興味深い。普通教育と義務教育はもちろん同義ではないが，同法案では6歳から13歳までが義務教育，7歳から14歳までが普通教育として区別されている。

　こうして児童労働の問題は，義務教育や普通教育と密接な関連性を保ちながら「国民教育」というより広いコンテクストにおいて論議されるようになった。イギリスでも，工場主に対して被雇用者に3R'sの基礎教育を行うことを義務づけた「被雇用児童の道徳と健康を維持する法律」（1802年）が出され，アメリカではやや遅れて，19世紀半ばに**ホレース・マン**が新設の州教育委員長に就任し，公営・無償・中立の世俗的公立学校の確立に尽力して，アメリカ最初の義務教育令制定となった。同教育令では，8歳から14歳の児童の保護者は最低でも毎年12週間，そのうち6週間は継続的に公立学校に就学させなければならないものとした。

　主要各国ではその後，初等教育や中等教育での義務化に向けて本格的な運動が展開された。イギリスの経済史家**トーニー**の**『中等教育をすべての者に』**（1922）は，中等教育における学校規模，学級編成の基本原理をはじめとして，時間割，生活指導，学校行事，教授法における教員の自由裁量の範囲，評価法の多様性の実現をめざし，教育機会の均等，特権的私立学校の国有化の原理によって，義務教育年限の中等教育への延長（11歳からの教育をすべて中等教育とし，義務修学年限を16歳までに延長）を掲げて大きな反響を呼んだが，それらの項目は1947年の制度化においても部分的な実現にとどまった。現在では，先進諸

国の多くが前期中等学校までの教育を公教育として行っているが，後期中等教育はほとんどの国において非義務制である。

〔専門教育〕　専門教育は，主として中等教育における職業（技術）教育，ならびに主として高等教育における専門職養成教育の2つをさす。前者は普通教育に対置される概念として，また後者は一般教育に対置される概念として用いられることもあるが，その領域区分は必ずしも明確ではない。職業教育に対しては古来，2つの対立する立場があった。

そのひとつは，学校教育は職業のための教育をすべきでないとして，職業教育における人格形成の役割を認めず，リベラルアーツを重視する対場である。これと対照的な立場は，**ゲーテやシュプランガー**に代表されるような，普通教育と職業教育を一元論的にとらえ，職業生活によってこそ真の教養がある，とする見解である。シュプランガーは，文化とのかかわりで，理論・経済・審美・社会・権力・宗教の6つの指標を用いて，生の根本形式による分類を行ったが，彼の専門教育観は「より高き一般陶冶への道は……職業を越えてのみ通じる」という言葉のなかに端的に現れている。

課題　現代の日本においてはニート，フリーターなどの若者が増加しており，その勤労意欲のなさが指摘されるが，それは若者だけの責任なのであろうか。ある国際比較調査では，とりわけわが国の中学生が社会性の低い自己閉鎖的傾向を見せており，多くの中学生が「学ぶこと」と「生きること」との間に積極的な意味づけができていない，ということを示している。中学生のみならず，わが国の新入社員に対して行われた他の調査でも「働く目的」に関してはほぼ同様の結果が報告されており，彼らの多くは，マイホーム的で自足的・自己閉鎖的な「ささやかな幸せ」を夢見ている。「努力すればなんとかなる」社会から「努力しても仕方がない」社会へ，そして現在が「努力する気になれない」社会であるからこそ，彼らに対しては早期の段階から適切なキャリア・プランニングの指導が必要である。最近では大学生のみならず，小・中・高生においても企業見学や実習，インターンシップなどが行われて専門教育・職業教育の成果をあげているが，今後も適切なスタンスによる成果が望まれる。　　〔森岡〕

参考文献　山内芳文『ドイツ近代教育概念成立史研究』亜紀書房，1994

問題 31　機能的リテラシーとは何か

意義　主として学校教育を通じて形成される文字の読み書き能力をリテラシー（literacy）といい，伝統的な概念としては**識字教育**として狭義にとらえられたものをさしていたが，このなかに数字を含めたいわゆる3R's（読み・書き・計算）がリテラシーの原義となっている。その点でリテラシーの概念は，生活に必要な初等教育的基盤，基礎学力を内包するものといえる。これに対して機能的リテラシーは，成人あるいは職業人などが社会において職能的責任を果たすことのできる知識や技能をさしており，単なる文字の読み書きを超えた，総合的知識や判断能力までを含めた概念として用いられる。

展開・動向　文字を有する言語であれば，識字（言語）教育を受けることである程度文字の読み・書きは可能になる。たとえば〈哲学〉という言葉を辞書で引いて「理性の力で，ものごとの根本原理を考える学問」という辞書的定義を「りせいのちからで，ものごとのこんぽんげんりをかんがえるがくもん」と読んだり，さらに辞書の定義を模して書いたりすることは，ある程度漢字の読み書きができる学年になれば可能になる。しかし，そのことで，〈哲学〉が理解できたことにはならない。つまり，辞書の定義を丸暗記しても，その概念を理解したことにはならない。それはどうしてなのか。われわれは**概念**によってものごとを思考し理解するが，概念は具体から抽象への複雑な網の目（ネットワーク）を構成しており，抽象度の高い概念ほど多くの記号を必要とし，かつ，目に見えたり触ったりすることができないために，その概念を理解するには具体と抽象とを往復する長期の学習の段階性・順次性が必要となるからである。

社会の構造が複雑化し，学問や科学が精緻化すればするほど，先ほど述べた傾向はより強くなり，学校のみならず一般社会においても新たな能力観・学力観を量産することになる。こうして情報化・国際化・グローバル化する現代社会において，「情報」「サイエンス」「コンピュータ」「メディア」「異文化間」などの用語と連接した〈リテラシー〉が登場するに至ったのである。これらの新

しい用語は，間断なき社会変化や多様性を背景に生まれた新たな能力・学力概念としての教育目標であり，社会的能力観でもある。つまり，機能的リテラシーは実社会において，それが「どのように役に立つのか」という意味を含んでいるという点で「機能的」なのである。

　かつてのリテラシーが主として実体的な学力をさしていたとすれば，機能的リテラシーは理解力・思考力・判断力・認識力などの学力を主たる内包としている点に大きな違いがある。たとえば，最近注目されている「**批判的リテラシー**」のアプローチは，ディスコース（談話）に注目して社会における権力関係などを対象化してとらえる視点（メタ認知能力）を重視しており，リテラシー本来の知識・技能的学力観を超えた次元の批判的判断力を志向しているという点で「機能的」であるといえよう。

　課題　識字の技術的・認知的側面と社会的コンテクストとを切り離してとらえる「自律モデル」と，両者を密接不可分なものとしてとらえようとする「イデオロギー・モデル」の２分類に従うならば，機能的リテラシーは後者に属することになる。こうした流れのなかで「リテラシー」の概念や「自律モデル」も，識字教育という狭い圏域にとどまることは難しい状態になってきている。同時に，前述の機能的リテラシー（「情報／サイエンス／コンピュータ／メディア／異文化間」）を例にとって見ても，マスメディアに対する読解・視聴能力，コンピュータや情報の活用能力，（異）文化理解能力などきわめて多様な要因を含んでおり，相互の境界域はますます入り組んできている。

　最近ではそれ以外にも，機能的リテラシーとして「ビジュアル・リテラシー」「ミュージック・リテラシー」「カルチュラル・リテラシー」などの用語が使用されることも多く，異文化理解能力に関しても「エスニック・リテラシー」や「マルチカルチュラル・リテラシー」など複数の用語が併存している。このように，機能的リテラシーの用語や定義そのものも科学や学問・技術，さらには社会・経済的変化にともなってその様相を変えてきている。われわれには今までにもまして，批判的態度やものの見方が必要とされることになるであろう。　［森岡］

参考文献　菊池久一『〈識字〉の構造』勁草書房，1995
　　　　　　オング（桜井直文ほか訳）『声の文化と文字の文化』藤原書店，1991

第2章 教育課程の構造

問題 32 学校における道徳教育の内容と方法について述べよ

学習指導要領における道徳の位置 いじめ，暴力行為や「凶悪犯罪の低年齢化」が小学校から問題になるなかで道徳教育の重要性が強調されている。1998年6月の「新しい時代を拓く心を育てるために―次世代を育てる心を失う危機―」（中央教育審議会答申）や教育課程審議会答申（1998年7月）などで**「豊かな人間性」**「**他人を思いやる心**」の育成は道徳教育の重要課題として位置づけられることになった。こうした動向のなかで平成10（1998）年度改訂された小学校・中学校・高等学校の学習指導要領において「第3章道徳において記述されていた道徳教育の全体の目標を総則において掲げる」としたことは，教育課程全体の改訂にとっても大きな変化であった。これによって「学校の教育活動全体を通じて行う道徳教育の重要性を強調し，その一層の充実を図る」（「小学校指導要領解説」文部科学省，1999年5月）という方針が示された。

道徳の内容 「道徳」の内容は「学習指導要領」では4つの項目に分類され提示されている。すなわち第1は「主として自分自身に関すること」である。これは①望ましい生活習慣と調和のある生活，②高い目標を目指し，着実にやり抜く強い意志を持つこと，③自主・自立の精神と責任感，④真理を愛し，自己の人生を切り拓いていく，⑤個性的な生き方の追求の5点が掲げられている。第2は「主として他の人とのかかわりに関すること」である。これは①礼儀の意義の理解，②他の人に対し思いやりの心を持つ，③互いに高めあえるような信頼のできる友人を持つこと，④異性に対する正しい理解と互いの人格を尊重すること，⑤異なる立場や意見に対する理解と尊重の5点である。第3は「主として自然や崇高なものとのかかわりに関すること」で①自然の愛護と畏敬の念，②命の尊さの理解と自他の生命の尊重，③人間として生きる喜びを見いだすことの3点が示されている。第4は「主として集団や社会とのかかわりに関すること」で，中学校では①自己が属する集団の意義についての理解を深めることから⑩世界の中の日本人としての自覚を持つことまで10項目あげられている。

期待される道徳の方法　これをどのような方法で指導することが期待されているのだろうか。1) 道徳教育がその時間のみで行われるのではなく，さまざまな教科教育と学校行事などの特別活動や総合的な学習の時間とも関連させながら学校教育全体を通じて行うこと，2) ボランティア活動や障害児との交流活動など体験的な活動を通じて行うこと，3) 小学校・中学校における「道徳の時間」を道徳教育の「扇の要」と位置づけることなどが配慮事項として示されている。

「小学校学習指導要領解説 道徳編」は道徳の時間の特質を理解し，児童の実態に即し，学級担任の教師自身の個性を生かした学習指導の展開を工夫することが大切であると指摘している。「学習指導の多様な展開」には「多様な形式の読み物教材を生かした学習指導」から「図書館や博物館等を利用した発展的な学習指導」まで7項目にわたって道徳指導の方法が例示されている。

ポピュラーな道徳の教材として各県ごと編集された道徳の副読本がある。生徒同士の葛藤や生活のルールを取り上げ，扱いやすい内容もあるが，なじみのない人物が登場し現実の子どもたちの実態に合わないものも含まれている。学校の規模や児童・生徒の雰囲気あるいは地域社会の様子なども考慮に入れながら教材を組み立てることが求められるだろう。

いじめがあったときは学級会・ホームルームのようなスタイルを取りながら，道徳教育を行うこともある。この場合，相手の立場の理解を体験的に深めるためにロールプレイやディベートなどの方法をとることも考えられるだろう。また「モッタイナイ」が地球環境を守る国際的な標語となったが，環境問題や世界の子どもたちの生活や学習環境について，それぞれの発達段階にふさわしく伝え，世界の中の日本について理解をうながすことも重要な課題となるだろう。自分自身について理解を深め，他人についても考えの違いを認め合い尊重することは，道徳の時間だけでは難しい課題である。さまざまな学習活動の経験が，結果として人の道徳性を育てることになるだろう。教科の独自の目的と課題との区別を意識しながら，他の教科との関連をはかることが重要と思われる。

[蔵原]

参考文献　柴田義松編『道徳の指導』学文社，2002

問題33 幼児教育の構造について説明せよ

幼児教育の動向　学校教育法第80条によれば**幼稚園の入園資格**は「満3歳から，小学校就学時に達するまでの幼児とする」とある。また保育所保育指針でも3歳未満児と3歳児以上を区分している。これらにならってここでは幼児教育の対象年齢を「満3歳から小学校就学時まで」とする。

　さて現代日本の子どもたちは少子社会といわれるなかで，社会でも，家庭でも，子どもの数がかつてと比較してたいへん少ない環境のもとで生活している。この年齢層の子どもたちの95％が幼稚園か保育園で生活をしている。この間の大きな変化は，幼稚園に通う子どもと保育所の子どもでは2001年には保育所に通う子どもの数が上回る状況になったということである。子どもの減少にもかかわらず保育所に通う子どもの数が増加しているのは，働く母親が増えてきたことにほかならない。こうした状況を反映して，保育所の保育内容と幼稚園の教育内容を共通化しようという動きがいちだんと進んだ。

　「幼保一元化」という考え方がいわれてきたが，1998（平成10）年度に**幼稚園教育要領の改訂**にともない，**保育所保育指針の改訂**も行われた。また「子どもの権利条約」の批准によって，「**子どもの最善の利益**」を重んじ，子どもを教育の主体としてとらえる考え方が示されたことは，今後の幼児教育のあり方を考えるうえで重要な視点である。

幼児教育の構造　このような考え方に立って幼児教育の構造はどのようなものとして理解すべきなのだろうか。幼児期は，ひとりひとりの人間が一人前の自立した大人として成長していくための基礎となる時期の教育を担っている。それは日常生活を営みながら，子どもたちが自己の体と心についての理解を深め，社会生活をスムーズに送っていけるような生活リズムを身につけていく時期でもある。また幼稚園・保育所は子どもたちがはじめて家庭から離れて大きな集団に出会う場として重要な意味をもっている。こうした目的を十分に果たすには幼稚園・保育所における子どもたちの活動が意図的な組み立てとしての

構造をもつことが必要である。

　たとえば，安部富士男は，保育の構造を「土台となる生活」「中心となる活動としての遊び・労働〈仕事〉」「課業活動」という3つの活動の層として保育の構造をとらえている。そして，次のように説明している。

　「保育には構造があります。子どもたちが，時には一人で，時には仲間とともに，自由に思い思いに遊び・仕事を楽しむ場もあれば，教師の指導の下に造形的な活動に取り組んだり，わらべ歌遊びを楽しんだり，絵本の読み聞かせに耳を傾けたりする場もあります。私たちの園の場合（安部幼稚園）は，飼育・栽培活動が中心になることが多いのですが，特定集団が，共通のテーマで総合的な活動に取り組む場もあります。私たちはこれらの質の違う活動を有機的に結びつけて保育を構造化することを大切にしています。」（安部富士男『人との交わりを支えに生まれた幼児教育』新読書社，2005）

　幼稚園・保育所によって「保育構造」は多様に考えられるが，日常生活課程（クラス活動）・課業・遊びを通して，子どもたちの基本的な生活習慣を形成し，ひとりひとりの成長とあわせて集団生活の発展をはかることをめざしている点で共通しているといえよう。

　幼児教育の課題　それぞれの幼稚園・保育所で，〈生活指導〉〈遊び〉〈課業〉などが多様に組み立てられ，保育環境がつくられている。子どもたちはそうした環境のもとで生活し，幼稚園教育要領および保育所保育指針が示す「健康・人間関係・環境・言葉・表現」の5領域を身につけていくことが期待されている。

　幼児教育を進めるうえで今日求められていることは以下の4点に整理できる。(1)年齢区分ではなく，それぞれの発達に応じて教育・保育を行うこと，(2)子どもの自発的な遊びを通じて，体験的に学ぶこと，(3)障害のある子どものニーズにも応える内容と方法を追求すること，(4)幼児教育と初等教育の連携を積極的に勧めること。

〔蔵原〕

参考文献　文部省『幼稚園教育要領解説』1999
　　　　　　石井哲夫・岡田正章・増田まゆみ編『保育所保育指針解説―〈平成11年改訂〉対応―』フレーベル館，2000

問題 34 保育所・幼稚園の教育課程について説明せよ

幼稚園と保育所　幼稚園は学校教育法第1条に規定された学校の1種として，その目的を「幼稚園は，幼児を保育し，適当な環境を与えて，その心身の発達を助長すること」（学校教育法第77条）と定められている。そこで教えるのは，幼稚園教諭である。これに対して保育所は，児童福祉法に「保育所は日々保護者の委託を受けて，保育に欠けるその乳児または幼児を保育することを目的とする施設とする」（第39条）と位置づけられ，管轄は厚生労働省であり，保育に携わるのは保育士である。

このように幼稚園と保育所では設立の経緯や設置目的，管轄が異なる。しかし，わが国では就学前の子どもの95％が幼稚園か保育所のいずれかに通っており，その半数以上が保育所であるという事実は幼稚園と保育所の両方が就学前の子どもの教育を担っているとみなければならない。幼稚園児の減少と保育所待機児の増加傾向のなかで，幼稚園と保育所を一体化させた施設の設置も行われている。長年，幼稚園と保育所の役割分担と保育内容での共通性等にかかわる議論がされてきたが，すでに1963（昭和38）年10月に文部省初等中等教育局長と厚生省児童局長が連名で出した通知「幼稚園と保育所との関係について」のなかで保育所保育指針の内容のなかには，幼稚園教育要領がめざしている，幼稚園修了までに幼児に育つことが期待され，指導することの望まれるものは，すべて含まれることとするという方針が示されていた。こうした経緯と現状を踏まえ保育所と幼稚園の教育課程についてみていきたい。

教育課程の構成　幼稚園の保育内容の基準は**幼稚園教育要領**，保育所は**保育指針**によって定められている。1998（平成10）年「幼稚園教育要領」が改訂され，告示された。同様にこの改訂に合わせ内容上の整合性をはかりながら，保育所保育指針も1999（平成11）年度改訂された。現行の幼稚園と保育所の教育課程はこれらに基づいて構成されている。

幼児期の教育は人間形成の根幹をなすものとして重要な役割をもっている。

私たちが将来社会で生活していくうえで身につけるべき基礎・基本をその発達段階にふさわしい内容と方法で子どもたちに提供することが重要である。幼稚園・保育所の教育課程は小学校レベル以上とは異なり，「教科」ではなく「健康・人間関係・環境・言葉・表現」という「領域」として示されていることに特徴がある。

　1)「**健康**」は，心身の健康に関する領域である。これは「健康な心と体を育て，自ら健康で安全な生活をつくり出す力を養う」ことが目的とされ，先生や友だちと触れ合うこと，いろいろな遊びのなかで体を十分に動かすことや戸外で遊ぶこと，健康な生活のリズムをつけることが課題とされている。

　2)「**人間関係**」は，人とのかかわりに関する領域である。これは「他の人と親しみ，支え合って生活するために，自立心を育て，人とかかわる力を養う」ことが目的とされ，先生や友だちとともに過ごす喜びを味わい，自分で考え，自分で行動する，自分の思ったことを相手に伝え，相手の思っていることに気づくなどのように，人間関係の基本を体験しながら学ぶことが課題とされている。

　3)「**環境**」は，身近な環境とのかかわりに関する領域である。これは「周囲のさまざまな環境に好奇心や探求心をもってかかわり，それらを生活に取り入れていこうとする力を養う」ことが課題とされている。この領域は範囲が広い。自然環境（季節・身近な動植物・生命の尊さ）から，「日常生活の中で数量や図形」「簡単な標識や文字」などへの関心をもつことまで含まれる。

　4)「**言葉**」は，言語の獲得に関する領域である。「経験したことや考えたことなどを自分なりの言葉で表現し，相手の話す言葉を聞こうとする意欲や態度を育て，言葉に対する感覚や言葉で表現する力を養う」ことをねらいとし，人と人は言葉を通してより深い理解をすることができること，また絵本などを通して言葉遣いの多様性や楽しい表現に触れ，それらを使いたくなるような気持ちを育てることが求められている。

　5)「**表現**」は，感性と表現に関する領域である。この領域は音，色，形，手触り，動きなどの違いを認識することや，子ども自身が感じたことを多様な表現方法で表現する楽しさを経験することが課題とされている。表現は，音楽や

楽器によるリズム表現であったり，ダンスや造形など多様である。

教育実践の課題　以上の5領域に示された目的と内容が，幼稚園や保育所の教育実践としてどのように具体化されるかが大きな課題である。実際の教育活動を進めていくうえで重要なことは「幼児期の特性を踏まえ，環境を通して行うものであることを基本とする」（幼稚園教育要領　総則）という視点であろう。

最後に，幼稚園・保育所の教育課程を編成するうえで視野に入れておきたい課題を整理しておこう。

1) まず第1に，「**幼児の特性**」を踏まえ，実際の指導場面では「子どもたちの自発的な活動としての遊びを通して」体験していくことや「主体的な活動」が重んじられる。

2) 第2に，幼稚園・保育所の保育を「環境を通して行う」ためには子どもたちが生活し，活動する「環境づくり」が前提条件となる。人間的な信頼関係を築くことなしに幼児が情緒的に安定して，主体的な活動をすることは期待できない。その環境のなかには，人的環境（人間関係や保育者），自然環境，物的環境や社会環境なども含まれる。

3) 第3に，幼稚園・保育所の教育課程を作成するうえでは，それぞれの園の置かれている立地条件や地域性なども考慮しながら，子どもたちのさまざまな活動を組み合わせ，また場面によっては個別のニーズに応じた保育ができるような内容編成が求められている。

4) さまざまな障害をもった子どもたちと健常児をともに保育するインクルーシブな内容をもった教育課程の編成など新しい課題も今後ますます求められるようになるだろう。日本におけるインクルーシブな学校教育を進めていくうえで幼稚園・保育所の経験は大きな意味をもつものと思われる。

5) 近年，幼稚園・保育所における体験的な教育活動から小学校低学年の生活科への発展などを視野に入れた幼・小の連携が提案されている。教育課程の課題としてとらえ直すことも必要であろう。　　　　　　　　　　［蔵原］

参考文献　石井哲夫・岡田正章・増田まゆみ編『保育所保育指針解説―〈平成11年改訂〉対応―』フレーベル館，2000
文部省『幼稚園教育要領解説』フレーベル館，1999

問題 35　初等教育カリキュラムの構造について説明せよ

カリキュラムの概念　カリキュラム（curriculum）は，語源的にはラテン語の競走路を意味する currere（race course），すなわち走るべき方向あるいは向かうべきコースを与えるものから，転じて児童・生徒が学校で学習する教科目とその内容や時間配当などを含む意図的な学習計画を意味する言葉として使われるようになった。戦後日本ではカリキュラムに「**教育課程**」という用語をあてるようになった。1960年代半ば以降，アメリカのエスノグラフィーなどの影響を受けた教育社会学研究の進展があり，「**隠れたカリキュラム**（hidden curriculum）」あるいは「**潜在的カリキュラム**（latent curriculum）」への関心が高まるようになった。それは，学校における意図的な教育活動ばかりでなく，休み時間における友人との交わりや，授業時間や放課後なども含めた教師と生徒とのやりとり，生徒同士の関係など，具体物では推し量ることのできないさまざまな関係が人間形成上大きな意味をもっていることに対する注目であった。広義のカリキュラムは，このようにして意図的に行われることを予定した学習計画だけでなく，児童・生徒の学校における学習経験全体を含む概念としても用いられるようになった。

「初等教育のカリキュラム」というとき，初等教育をいつからいつまでとするかについては議論があるが，ここでは小学校における教育を**初等教育**（elementary education, primary education）とする。

初等教育のカリキュラムの変遷　歴史的にみれば初等教育のカリキュラムは，いわゆる読み書き計算の **3R's**（reading, writing, arithmetic）を基礎的な内容として，さらに新しい自然科学や芸術に関する基本的な知識や概念と，それらを獲得する技能を学習する教科内容と学習計画によって構成されてきた。

1872（明治5）年に出された「**学制**」には「小学ハ教育ノ初級ニシテ人民一般必ス学ハスンハアルヘカラサルモノトス」とあり，「小学」の教育は「教育ノ初級」であること，さらに「人民一般」が必ず受けることとされたことは意

味のあることであった。その後1881（明治14）年の「**小学教則綱領**」には「読書ヲ分ケテ読方及作文トス。初等科ノ読方ハ伊呂波，五十音，濁音，次清音，仮名ノ単語，短句ヨリ始メテ仮名交リ文ノ読本ニ入リ兼テ読本中緊要ノ字句ヲ書取ラシメ詳ニ之ヲ理会セシムルコトヲ努ムヘシ」のように各教科ごとに教材とその学習の順序および到達すべき目標が簡潔に示された。1908年（明治41）4月より義務教育が4年制から6年制へ延長された。そのときの小学校は「尋常小学校ノ教科目ハ修身，国語，算術，地理，日本歴史，理科，図画，唱歌，体操トシ女児ノ為ニハ裁縫ヲ加フ土地ノ情況ニ依リ手工ヲ加フルコトヲ得」（小学校令第19条）とされた。このとき，現在の小学校施行規則に基づく学習指導要領の規定に近い表記がされるようになった。

　初等教育のカリキュラムの構造　現在の日本の小学校は「心身の発達に応じて，初等普通教育を施すことを目的とする」（学校教育法第17条）とされ，その学習課題は「**初等普通教育**」である。学校教育法施行規則には「小学校の教育課程は，国語，社会，算数，理科，生活，音楽，図画工作，家庭及び体育の各教科，道徳，特別活動並びに総合的な学習の時間によって編成するものとする」（第24条）と定められ，これに基づき学習指導要領に編成内容が示されている。

　以上の規定から初等教育カリキュラムの構造は，教科教育と特別活動の教科外教育（extra-curricular activities）および道徳と総合的な学習の時間によって構成されている。これらをそれぞれがひとつの領域を構成すると考えると4領域となるが，学習計画を細分化して考えるのは児童の学習活動全体をとらえるうえではあまり合理的ではない。むしろ**教科教育**（含総合的な学習の時間）と**教科外教育**（含道徳）の2領域に整理して考えることが，実際に学校で行っている教育活動を把握するのにふさわしい分け方であろう。

　基礎・基本の学習課題　さて初等教育カリキュラムにおいて重要なことは，国民として必ず身につけておくべき基礎・基本の事柄が学習課題として設定されていることである。小学校は，子どもたちが人生ではじめて学校という大きな空間と集団に出会い，系統的・意図的な教育を受ける最初のステップである。その意味で初等教育は，子どもたちがさまざまな学習課題に対して心から興味をもって取り組むことが重要である。小学校1-2年生には，従来の社会・理

科を合科した科目として生活科がおかれている。**生活科**は，生活体験的な学習が眼目とされ，幼児教育からの連関を意識した教科として重視されている。

ところで子どもたちが最近学習嫌いになり，自発的な学習意欲のある児童が年々減少していることが問題視されている。だが，2003年度のある県の調査は，それとは異なる結果を示している。すなわち，その調査によれば小学生は「授業の面白い先生が良い」とし，「授業の面白くない先生」には批判的な意見を表明しているのである。このような調査から児童の学習嫌いの原因は，彼ら自身の「学習意欲があるかないか」の問題ではなく，むしろ授業の内容や教材，方法の検討の必要を示唆している。このような意味では初等教育の教科教育に対しても，学習者である小学生の視点からの検討が必要である。

総合的な学習の時間についての児童に対するアンケート調査では，小学生の総合的な学習の時間に対する評価はおおむね高かった。満足度の高い結果の出ている学校は，それ相応の準備（教員研修や人材，予算，施設・設備等）をし，児童が生き生きと課題に取り組み，それぞれの興味・関心を広げることに少なからず貢献しているところであった。現代の初等教育の課題にふさわしい総合的な学習課題を設定し，教科教育との関連についてもはかる研究をする必要があるだろう。

教科外活動の意味　小学校における教科外活動としては「特別活動」に「学級活動，児童会活動，クラブ活動，学校行事」の4種の活動が示されている。中等教育の「特別活動」は改訂された学習指導要領ではクラブ活動は削除されたが，小学校にはおかれていることに注目したい。クラブ活動では「4学年以上の同好の児童をもって組織するクラブにおいて，共通の興味・関心を追求する活動を行うこと」が期待されている。児童は4学年になってクラブに入ることができるようになると，上級学年になった気持ちをもつといわれている。

少子社会傾向がますます進行するなかで家庭で兄弟と遊んだり，地域社会で近所の友人と遊ぶ機会に恵まれる児童は多くはいない。小学校における教科外活動の位置づけは，これまでと異なって緊急の課題ともいえるのではなかろうか。初等教育と中等教育の課題と性格の区別についての議論もこれからは必要であろう。　　［蔵原］

参考文献　柴田義松『教育課程―カリキュラム入門―』有斐閣，2000
　　　　　　柴田義松『21世紀を拓く教授学』明治図書，2001

第2章 教育課程の構造

問題 36　中等教育カリキュラムの構造について説明せよ

中等教育とは　中等教育は英語では secondary education という。歴史的にみると，中等教育の起源は，高等教育のための予備教育機関として成立した場合と，初等教育に続く教育機関として成立した場合とがある。このため中等教育の教科内容は学校によって，古典語を中心とするアカデミックな教科で構成される前者と，簿記なども含む実学的な教科を重んじる後者との違いがあった。しかし，19世紀末から20世紀初頭にかけて中等教育が普及するにつれ両者の統一をめざした「**統一学校運動**」が起こった。

現代社会では子どもたちが自立した社会人となる準備として，少なくとも初等教育後2年ないし3年間の中等教育の機会を受ける必要があるという考えが国際的にも広く認められるようになった。これは「子どもの権利に関する条約」（1989年11月20日国連総会で採択，1990年9月2日効力発生，1994年5月22日日本で発効）の批准国の増加による影響が大きい。こうした状況をみると，中等教育は全体として「**完成教育**」機関としての役割が期待されているといえる。

中等教育カリキュラムの変遷　カリキュラム（curriculum）は，ラテン語の currere（race course, 走路）すなわち走るべき方向あるいは走るべきコースを与えるものから，転じて児童・生徒が学校で学習する教科目とその内容や時間配当などを含む意図的な学習計画ないしは履修課程を指し示す教育上の言葉として使われるようになった。19世紀半ば頃からイギリスやアメリカの大学では，学生たちが自発的に放課後，新聞の発行，雑誌の出版や弁論大会，演劇などの活動を始めたが，こうした学生の活動は中等学校へ影響し，20世紀初頭にはその教育的な意義が認められ，extra-curricular activities（**課外活動**）と呼ばれるようになった。この言葉の本来の意味からすると，課外活動はカリキュラムのなかには含まれないことを表現しているが，カリキュラムに対する"extra"という対概念で言い表したことはその教育上の意義を示すものであった。

わが国ではカリキュラム（curriculum）を指し示す用語として，戦前は「**学科**

課程」や「**教科課程**」が使われており，1947（昭和22）年最初に出された「**学習指導要領 一般編（試案）**」でも「教科課程」であった。しかし，戦後は欧米の新しい教育観や経験も紹介され，学校行事や学級会・生徒会や委員会活動など生徒自身の自治的な活動の教育上の意義が認識されるようになり，学校で行う教育活動の計画を表す言葉として教育課程を使うようになった。「教育課程」がはじめて公に使われたのは1951年改訂された「学習指導要領 一般編（試案）」である。

中等学校のカリキュラムの編成　現在，学校教育法は中等教育機関として中学校，高等学校および中高一貫校の中等教育学校をおくと定めている。その目的を**中学校**は「中等普通教育を施す」こと，**高等学校**は「中等普通教育および専門教育を施す」こと，**中等教育学校**は「中等普通教育並びに高等普通教育及び専門教育を一貫して施す」こととしている。すなわち，中等教育は初等教育の基礎のうえに，青年期にある生徒たちが普通教育と専門教育を幅広く学びつつ，基礎的な知識と技能を高め，次第にひとりひとりが自己の個性に気づき，将来の進路を選択できるような力を養うことを主たる課題としている。

これらに基づいて学校教育法施行規則には，それぞれの「**教育課程の編成**」が規定され，具体的な編成方針はそれぞれの「学習指導要領」（1998年文部省告示，2003年一部改訂）に示されている。中学校の教育課程は「必修教科，選択教科，道徳，特別活動及び総合的な学習の時間」から，高等学校は「各教科・科目，特別活動及び総合的な学習の時間」から構成される。高等学校の場合は普通教育に関する教科・科目と専門教育を主とする学科における各教科・科目等の履修，総合学科における各教科・科目等の履修についての説明のなかで選択履修についても触れられている。学習指導要領にみる中等教育カリキュラムの構造は，大きく分けて国語・社会・数学・理科・外国語などのような教科の学習を行う教科教育（含総合的な学習の時間）と学校行事や学級活動など特別活動といわれる教科外活動（含道徳）の2つの領域から構成される。

中等教育カリキュラムの特徴　初等教育と比較した中等教育カリキュラムの特徴は，教科教育が**必修教科**と**選択教科**から構成されていることである。その意義は，個性を主張しはじめる中等学校の生徒が自発的に選択し，学習活動に

対して主体的に取り組むことを可能にするということと，選択教科をおくことによって多様な進路選択を希望する生徒がひとつの学校で交流しながら学習することができるという教育上の意義がある。現行学習指導要領では中学校の第1学年から選択教科がおかれ，第3学年では時間数にして105-165（一単位時間は50分）が配当されるというように選択履修の幅が拡大されてきた。

また新設された「総合的な学習の時間」は，「地域や学校，生徒の実態等に応じて横断的・総合的な学習や生徒の興味・関心に基づく学習」によって「自ら学ぶ力を養うこと」「**学び方を学ぶ**」ことが課題とされている。これは教科とは区別される位置づけであるが，環境や福祉，国際理解にかかわる大きなテーマを取り上げ，理科，社会科，英語，国語，家庭などの必修教科や選択教科とも関連づけ学習活動を展開している。したがって，総合的な学習の時間は教科教育の一部を構成するものとして位置づけることがより適切であると思われる。

また中等教育における教科外活動は，生徒が仲間集団をつくり，自ら計画し，実行する体育祭や文化祭あるいは修学旅行などのような行事や学級活動，生徒会，委員会活動を活発に展開することが青年期にある生徒の成長・発達にとって特別な教育上の意義があると認められている。これは初等教育におけるそれが生活体験的な要素が多いことと比べると大きな違いである。

中等教育カリキュラムの課題　中等教育カリキュラムの構造を考えていくうえでの検討課題は，①現在，中学校卒業生の約97％が高校進学をし，さらに高等教育機関への進学者が年々増加している。高等学校卒業後約半数は社会人となる。この点を視野に入れて中学校・高等学校における必修教科・科目が国民の共通教養として必要かつ十分であるかどうかという視点から見直すこと。②次に義務教育機関が中学校までであるため，学校教育としては中学校が最終の教育となる生徒の存在も忘れてはならないこと。それと同時に，中学校と高等学校の行政上の位置づけの違いから難しさが指摘されてきたが，中等教育の課題全体を見通したカリキュラムを作成することが急がれよう。　　　　　［蔵原］

参考文献　田中統治『カリキュラムの社会学的研究―教科による学校成員の統制過程―』東洋館出版社，1996
　　　　　柴田義松『教育課程―カリキュラム入門―』有斐閣，2000

問題 37　単元論について説明せよ

単元とは　教科教育で児童・生徒に学習させる課題のひとまとまりを**単元**（unit）という。

学校で主たる教材として用いられている教科書は章立てされている。この章（chapter）を「単元」と呼ぶことも多い。また教科の学習指導案作成にあたって「単元名／単元の目標／単元計画」などのように，それぞれの授業の目標・ねらい・指導過程などを説明する際に単元という用語が用いられている。そこでの「単元」は児童・生徒がある教科を学習する際のひとまとまりの教材を構成するものとして了解されている。このように単元は教科教育の授業や学習指導計画作成等で日常的に使われている用語である。

「単元」概念の変遷　歴史的には19世紀末から20世紀初頭にかけて，学校教育が広く普及しはじめ，児童・生徒も教師も急激に増えてきた時期に「単元」が教育学上の概念として使われるようになった。すなわち，それはドイツの**ヘルバルト派のチラー**が唱えた「**方法的単元**」（Methodishe Einheit）（『梅根悟教育著作集4』）に端を発するという。チラーは，子どもの学習のプロセスを「分析に始まって方法に至り，そこで完結する一つの学習，一つの研究そんなものをいくつか次々に完結させながら，子どもたちは彼らの学習期間を送るわけである」と説明した。そして「この分析に始まり方法に終わる一貫したひとまとまりの学習活動こそ，学習の一つの単位であって，教材の単位である」と定義した。つまりチラーは子どもの学習活動を「**ひとまとまりの活動**」（Einheit; unit）の集積と定義した。こうした考えをアメリカで生活単元，経験単元といった考え方に発展させたのはデューイらであった。デューイは「子どもが実際に生活をする場」「生活体験をあたえる場所」としての学校における生活・経験そのものから言語や算数，理科，歴史あるいは芸術などさまざまな教科を指導することを提案した。それらは**生活単元**，**経験単元**と呼ばれた。

日本の教育へは第2次世界大戦後の教育改革のなかで生活単元や経験単元と

して導入された。公には1951（昭和26）年に文部省より出された学習指導要領で単元という言葉が使われたのが最初である。以後しばらくは「戦後の新教育といえば，それは単元学習をやることだと解されていたくらいに，単元という言葉が重視されていた」（同上書）。こうして戦後新教育のなかでは「郵便屋さんごっこ」などに象徴されるような子どもにとって身近な生活を題材にしながら，生活単元あるいは経験単元によって教材を組み立て，算数や国語あるいは理科，社会科の学習が展開された。その後教科のなかでも単元学習がいわれたが，これらは生活単元と区別し教科単元と呼んだ。

学習活動と単元　今日の教科内容の編成は，数学や理科，歴史などのように科学や学問の系統性を重視した教科単元の原理で構成されるものと，体験や実技を重視する生活科や家庭科，技術等のように生活単元の原理で構成されるものとがあり，教科によって単元の構成原理は異なる。

　学習すべき課題に合わせて学習活動を分割し，まとまりのある単元としてそれを構成することは教師に，教科の目標と全体計画と個々の単元の課題を関連づけ，子どもの学習指導に意図的に取り組むことを可能にする。その意味では単元は教育学とりわけ教科内容論・教育方法論にとって重要な概念である。

　ところで総合的な学習の時間として取り上げられる学習活動と教科の単元との関係はどのように考えるべきだろうか。総合的な学習の時間では「地域の習俗や歴史」「大豆を育て，大豆を食べる」など作業学習の課題も多様に取り入れられているが，課題学習やテーマ学習などの言葉が使われ，単元とは呼んでいない。また教科の授業とは別に行われている計算ドリルや書き取りドリルなどの学習活動も，教科の単元との関連が十分に意識されているとはいえない。「本格的な学習とも言うべきもの」（同上書）としての単元と「単元外で行われるいろいろな知的・技術的な学習」（同上書）とを区別する考えもあるが，こうした総合的な学習の時間における学習活動や短時間のドリルを，教科単元の一部を構成するものとして位置づけることも検討されてよいのではなかろうか。

〔蔵原〕

参考文献　柴田義松『教育課程―カリキュラム入門―』有斐閣，2000
　　　　　『梅根悟教育著作選集4』明治図書，1977

問題 38 モジュール・システムについて説明せよ

システムとは「複数の要素が有機的に関係しあい，全体としてまとまった機能を発揮している要素の集合体，仕組み」（広辞苑）のことで，**モジュール**とは基本単位のことをさす。学校教育における**モジュール・システム**（module system; modular system）とは学校教育を構成する要素として学習内容，時間割，学習空間，教育方法や学習形態などを取り出し，最小の基本単位（モジュール）を決めることによって，教育の場面ごとに組み合わせを変えることを可能にし，**システムの柔軟化，弾力化**をはかることをさす。

1998（平成10）年7月に出された教育課程審議会答申で「授業時数の枠組み」として「各学校が創意工夫を生かして時間割を編成できるようにする」と明示されたなかにモジュール・システムの考え方を認めることができる。答申では「実験を行う理科の授業は75分授業を行い，日々の習熟が必要な英語は25分授業を毎日行うことが可能。またコンピュータは第1学期に集中的に行うことも可能」などのようにいくつかの例が示された。この後改訂された「学習指導要領」（1998年12月告示）は，小学校から**「時間割の弾力的な編成」**が可能であることを強調した。

このシステムを用いた時間割を，モジュラー・スケジューリングと呼ぶ。モジュラー・スケジューリングでは，1時限45分ないし50分の授業を，15分，20分，25分などを基本単位（モジュール）とし，教科・教材ごとに学習時間を弾力化する。たとえば15分を授業の基本単位とし，始業前の漢字練習や計算練習，朝読書に15分の時間を当てるなど多様な実践例がある。英語の授業の基本単位を25分とすると，週当たりの授業回数が増え，生徒が英語に親しむにはよい方法のひとつだといわれている。ゲームを集中的に楽しむような体育の教材を取り上げたときは，75分の授業，児童・生徒たちが自ら調べたり，体験することが重視されている総合的な学習の時間は100分にするなどの提案されている。これらのように基本単位時間（モジュール）を多様に組み合わせる

ことで，1日，1週間，1学期，1年間の時間割を構成することができる。このシステムによって，短時間で行うと効果のあがる反復練習を必要とする教科や，1学期間に集中的に学習すると効果をあげるコンピュータ学習など，教科・教材によって基本単位時間をさまざまに組み合わせ，ひとまとまりの授業時間を短くしたり，長くすることが可能になる。

また15分とか25分の学習単位時間を組み合わせ，ひとりひとりの日課を構成することも可能となる。これによって学習の理解度の異なる児童・生徒に個別に対応する指導を柔軟に組み合わせることができる。理解の遅い児童・生徒にわかるような指導を行うとともに，理解の早い児童・生徒に対しては「発展的な教材」を提供することが可能になる。児童・生徒が自ら学習課題を選択し，積極的に学習課題に取り組むようにすることや，児童・生徒の実態に応じ繰り返し指導や習熟度別指導などを取り入れることなど，個に応じた指導をすることの重要性が学習指導要領でも指摘されているが，モジュール・システムは一斉授業と個別指導，個別学習を組み合わせ学習効果をあげるシステムといえる。

学習形態も，個別学習や集団学習，一斉授業や体験的な授業など多様な組み合わせが考えられる。モジュール・システムの利点は，ひとつの教科の学習に対してあるひとつの固定した方法ではなく，教材（教科内容）に応じて授業時間も方法も学習する場（形態）も変えることが可能なことである。

モジュール・システムの効果を発揮するには，それを使いこなすための教材開発や教育方法の開発も求められる。教師が児童・生徒の実態について十分な把握をすると同時に，ある教科を学習するのにどのような方法で行うと児童・生徒にとってより楽しく学習課題に取り組むことができるのか，などの真摯な検討が必要であろう。

ところでこのシステムで時間割を作成した場合，学校においてクラスごとに時間割の区切りが異なることがある。実施にあたっては学校経営として時間割や教室等の管理運営に工夫が求められよう。

［蔵原］

参考文献　教育課程審議会答申「幼稚園，小学校，中学校，高等学校，盲学校，聾学校及び養護学校の教育課程の改善について」(1998年7月)
「学習指導要領」(1998年)

問題39 教科内容と教材の区別について説明せよ

教科内容 **教科内容**とは児童・生徒が身につけるべき教科ごとの知識・技能のことをいう。小学校・中学校・高等学校等には，学習指導要領に各教科ごとの目標が定められている。学校ではそれぞれの学校の教育課程に基づいて教科の時間数が決められ，学習活動としての授業が展開されている。したがって教科内容は，学校の教育目標とともに子どもの発達，教科毎の学問・知識の体系に基づき，合理的かつ科学的な体系として提示されることが求められる。

授業は教科内容が提示されているだけでは展開できない。授業において教師と児童・生徒は，具体的な事物を通して教科内容を理解していくのである。この具体的事物を**教材**という。教材の最もポピュラーなものは法文でも「**主たる教材**」として示されている**教科書**である。

教材としての教科書 教科内容と教材としての教科書は，教育の普及と期待の変化とともに内容も記述も変化してきた。わが国の近代以前の「四書五経」に始まる教育においては，先生が書物の講釈をするのを聞きながら学習を進めていた。この場合，教科内容は授業で教師が用いる教材（テキスト）そのものであり，それは生徒が学習し覚える対象であって，理解しやすいかどうかは問題とされなかった。

近代，とりわけ初等教育に関しては国民の大半が通う国民皆学の時代になると，授業を進める際に教師と児童・生徒が共通に手にする教科書の役割は増してきて，教科書の記述や挿絵，図版などにさまざまの工夫がほどこされるようになった。しかし他方，戦前の国定教科書制度のもとで，全国一律に同じ教科書で同じ内容で授業を進めるということは，すなわち教材が「固定的」になるということである。こうした状況に対する反省から戦後の教育改革には，個々の学校の実際の授業場面で教師たちが教科内容を伝える際には，それぞれの地域と子どもたちの発達段階にふさわしい教材を開発し使用することの重要性がいわれるようになった。

授業における教材の選択 教科内容は学習者である児童・生徒たちにわかり

やすく伝えられることがなによりも重要である。その方法は必ずしも1つではない。

たとえば，小学校1・2年生の国語は，学習指導要領には「A 話すこと・聞くこと／B 書くこと／C 読むこと」の項目ごとに学習内容が示されている。そのなかの文字に関する事項に「平仮名及び片仮名を読み，書くこと。また片仮名で書く語を文や文章の中で使うこと」が第1の学習課題にあげられている。このように示された項目は，小学校1・2年生の教科内容ということができる。

これらを実際の授業で取り上げることを考えてみよう。小学校の1年生に授業で平仮名を教えるとき，児童の大半が平仮名の読み書きができる状況にある場合と，そうでない場合では導入の方法から異なるだろう。大事なことは，学校における学習は学習塾とは異なって，ひとつの学習課題について○か×かではなく，多様な筋道で学習活動を展開することであり，またさまざまな経験と考えをもった学習者の集団のいる教室でこそ可能な方法で授業が進められることである。大半の児童が自分で読んだり書いたりすることができるとはいっても，自己流に覚えてしまっているかもしれない。「自分はもうわかっている／できる」と思い込んでいる学習者に対して，新鮮な気持ちで学習に臨む状況をつくることが教師の課題である。そのために児童・生徒の理解度にふさわしい適切な教材の選択は，教師の大事な仕事である。したがって，授業で「主たる教材」としての教科書を使う場合も，教材研究を十分に行い，その時々の児童・生徒の状況に応じて適切な教材として教科書以外の教材（絵・図・板書など）提供することが教師には求められる。この時，教師の手づくり教材などを適宜使うことも考えられるだろう。

学校における授業は教師が上から教えるのではなく，児童・生徒を主体にした学習活動へ転換することが求められている。また，インターネットによる資料など新しい教材と印刷物としてまとめられた教科書のような教材の役割を確認し，21世紀に生きる子どもたちが興味をもって手にする教科書の作成も検討課題となろう。

〔蔵原〕

参考文献　柴田義松『教育課程―カリキュラム入門―』有斐閣，2000
　　　　　　柴田義松『21世紀を拓く教授学』明治図書，2001

問題40　特別なニーズ教育とは何か

　「特別なニーズ教育」　「特別なニーズ教育」(special needs education)という言葉は1978年，イギリスの障害児教育に関する調査委員会がまとめた報告書ではじめて用いられた。これを受けて**「1981年教育法」**(Education Act 1981)には**「特別な教育的ニーズ」**(special educational needs)の概念が導入された。この後，1989年に国連総会で採択された「子どもの権利に関する条約」において**「子どもの最善の利益」**（第3条）と**「障害児の権利」**（第23条）が示されたこと，1994年ユネスコ・特別ニーズ教育に関する世界会議で「特別ニーズ教育における原則，政策及び実践に関するサラマンカ宣言」および「特別ニーズ教育に関する行動のための枠組」によって「特別なニーズ教育」という概念が国際的にも広く認識されるようになった。

　「枠組み」では「『教育上の特別なニーズ』という用語は，障害または学習上の困難から派生するニーズを有するあらゆる子どもと青少年を指す」としている。ここで「特別なニーズ教育」と「教育上の特別なニーズ」の2つの表現が用いられている。当然文脈のなかで使い分けられているが，ここでは両方を取り上げておくこととする。

　すべての子ども・青少年を普通学校で　「特別なニーズ教育」は，社会的な弱者であるさまざまな障害をもった子どもたちのニーズに応えるとともに，特別に秀でた「英才児」のニーズに応えることも同様に必要な課題として認識されている。これは「学校は子どもの身体的，知的，社会的，情緒的，言語的その他の条件にかかわらず，すべての子どもたちを受け入れるべきものである」という学校教育の指導原則に基づいている。この指摘は「すべての子ども」の意味をよく理解するうえでは重要であると思われる。すなわち「特別なニーズ教育」は，さまざまな障害をもった子どもたちに対する教育はもちろんのこと，同じ授業を受けていてもすぐに理解を示し，取り組むべき学習課題がなく手持ちぶさたにしているような子どもたちに対してもふさわしい教育を提供するこ

とが求められるという考えである。

「この20年の社会政策の流れは，統合と参加を促進し，かつ排除と闘うことであった。インクルージョンと参加は，人間の尊厳ならびに人権の享受と行使にとって必要不可欠である」という考え方が示された。すなわち障害児教育にとって重要なことは社会的な排除と闘い，社会への「**統合と参加**」の促進である。この考え方は，特別なニーズ教育をすることが学校で学んでいるすべての子どもや青年にとってもプラスになるという確信に基づいている。

「特別なニーズ教育」としての「特別支援教育」 わが国の「特別支援教育」構想はこうした国際的な障害児教育の動向のなかで出されてきた。2005年12月8日に出された中央教育審議会答申「特別支援教育を推進するための制度の在り方について」では，今後の制度や法規の改正作業も見通しながら国際的な動向を視野に入れた日本の障害児教育の抜本的な改革方向が示された。これは盲，聾，肢体不自由，知的障害等それまで障害別に行っていた障害児教育を，子どもひとりひとりの教育的なニーズに合わせて行うことに転換する方向を示したのである。

それは，これまでの障害児教育が対象としてきた児童・生徒よりも多数が，特別な教育ニーズを求めていることを数量的に示した。そこで最も大きな関心を呼んだのは，公立の小学校と中学校において広義の学習障害があるとみなされるが4.5％，不注意と多動性―衝動性の問題を示すが2.5％，対人関係やこだわり等の問題が0.8％，学習面か行動面で著しい困難を示すが6.3％（文部科学省，2002年，10月）にものぼるというデータが明らかにされたことである。このような児童・生徒に対してこれまでは「子ども自身の怠け」とか「親の育て方の問題」と受けとめられることが多かったが，教育の場面において子どもひとりひとりの学び方の違い（LD; learning difference）と理解すると特別なニーズ教育として指導方法の工夫が行われることになる。　　　　　　　　　　　　［蔵原］

参考文献　中央教育審議会答申「特別支援教育を推進するための制度の在り方について」（2005年12月）
　　　　　越野和之　『みんなのねがい』編集部編『特別支援教育の光と陰』2005

問題 41 障害児教育課程の変遷について述べよ

障害児教育の変遷 障害児教育課程の変遷について触れる前に，日本の障害児教育の変遷について触れておきたい。

日本の近代学校教育における障害児教育は，1878（明治11）年の**京都盲唖学院**における授業がはじまりとされている。教育法規のうえで明記されたのは，1891（明治24）年の「**文部省令盲唖学校に関する規則**」である。知的障害児の教育は，盲・聾教育に遅れて1906（明治39）年**滝野川学園**の設立をもって嚆矢とする。盲学校・聾学校ともに普通教育を施し，その生活に須要な特殊の知識技能を授けることを目的としていた。目の不自由な児童・生徒には音楽科，鍼按科など，また耳の不自由な児童・生徒には図画科，裁縫科などのような将来の職業指導につながる科目を設置していた。しかし，戦前期において障害児教育が義務教育の対象とされなかったことは特筆すべきことである。

第2次世界大戦後の教育改革のなかで，まず盲児および聾児の教育の義務制が実施された。学校教育法提案理由に「(義務教育の範囲を拡充して)盲聾唖，不具者にもひとしく普通教育の普及徹底をはかりたい」(高橋誠一郎国務大臣，1947年3月17日)と「普通教育全般の普及徹底」があげられた。その課題のひとつとして障害児教育が位置づけられた。したがってその趣旨は，なによりも「普通教育」として行うことであった。これによって特殊教育も学校教育の一部を構成すると位置づけられ，1948（昭和23）年度から**盲児および聾児教育の義務化**が学年進行で実施された。ただし**知的障害児等の義務化**は1979（昭和54）年まで31年間も待たねばならなかった。

障害児教育課程の変遷 従来使われている教育課程という言葉は英語のカリキュラムと同義語のように使われているが，日本語の教育課程は教科の教育と教科外の教育の両方を含み，概念としては広い。とりわけ障害児教育においては休み時間も含めた学校の全生活時間をどのように過ごすかということも教育課程全体に位置づけることが必要である。

障害児教育の教育課程の変遷は，主として学校教育法第73条ならびに学校教育法施行規則第73条と学習指導要領の改訂の変遷としてみることができる。学校教育法第73条には「盲学校・聾学校及び養護学校の小学部及び中学部の教科及び教科用図書又は幼稚部の保育内容は，小学校，中学校，高等学校又は幼稚園に準じて，監督庁がこれを定める」とされ，具体的には学習指導要領によって内容が示された。障害児教育諸学校の学習指導要領は小学校・中学校等のそれに準拠しながら，時間的には遅れて作成されてきた。1957（昭和32）年から60（昭和35）年にかけて盲学校学習指導要領と聾学校学習指導要領が定められた。1958（昭和33）年改訂された小学校学習指導要領には「特例」として「**特殊学級の教育課程**については，児童の実態に即応し，特に必要がある場合は，特別の教育課程を編成し実施できることとなっている」ことが明示された。

さて障害児諸学校の教育課程は，1957-58（昭和32-33）年の学習指導要領では各教科（必修教科・選択教科）及び道徳で構成されていた（道徳は1958年から）。1964-68（昭和39-43）年の学習指導要領では，各教科（必修教科・選択教科）及び道徳，特別教育活動及び学校行事等によって編成するとなった。ここでは選択教科に関して「土地の状況並びに生徒の進路及び特性を考慮して設けるものとする」と説明されたように，選択教科の拡大が変化したことであった。1971（昭和46）年の改訂では，各教科（必修教科・選択教科）と道徳，特別活動並びに養護・訓練となり，教科の体育以外にさらに「**養護・訓練**」が教育課程に組み入れられた。

1979（昭和54）年の改訂は，養護学校が義務化されたことによってようやく「盲学校，聾学校及び養護学校小学部・中学部学習指導要領」と「盲学校，聾学校及び養護学校高等部学習指導要領」として学習指導要領が一本化されたという点で大きな意味をもっていた。ついで1989年には1979年版の改訂と「盲学校，聾学校及び養護学校幼稚部教育要領」が制定された。1999年に「盲学校，聾学校及び養護学校幼稚部教育要領，小学部・中学部学習指導要領，高等部学習指導要領」（文部科学省）として改訂版が告示された。ここでは「各教科（必修教科・選択教科），道徳，特別活動及び自立活動及び総合的な学習の時間」とされた。すなわち「養護・訓練」を「**自立活動**」と改めたこと，小・中・高等学

校等の学習指導要領の改訂と同様に総合的な学習の時間を設けたことが大きな変化であった。

障害児教育の変化の意味と課題　このように障害児諸学校の教育課程の変遷は，日本における障害児教育に対する認識の変遷を表すものといえる。

1996（平成8）年7月中央教育審議会「21世紀を展望した我が国の教育の在り方について」（第1次答申）で「障害等に配慮した教育の充実」の内容として「教育内容・方法の改善充実」とともに「**交流教育の推進**」があげられている。これを受けた教育課程審議会「幼稚園，小学校，中学校，高等学校，盲学校，聾学校及び養護学校の教育課程の改善について」の答申（1998年7月）では，障害児の自立と社会参加の実現をめざすことが課題として取り上げられた。この提案にかかわって，「養護・訓練」の名称を「自立活動」と改めることも提案された。このように教育課程に盛り込まれた内容の変化は単なる用語の変化ではなく，その背景と根拠について理解を深めることが求められる。

障害児教育の実践の蓄積と，さらには脳科学や医療の進歩によって次第に障害児の教育可能性に対する認識も変化してきた。また近年の国際的な障害児および障害者をめぐる動向の影響も大きい。

今後は**インクルーシブな学校**で障害児教育をすすめていくなかで，現行学校教育法と学習指導要領の改訂作業も大きな課題となるだろう。たとえば障害児諸学校が「それぞれ盲者，聾者又は知的障害者，肢体不自由者若しくは病弱者に対して，幼稚園，小学校，中学校又は高等学校に準ずる教育を施し，あわせてその欠陥を補うために，必要な知識技能を授けることを目的とする」（現行学校教育法第71条）とされているが，こうした認識は「**特別支援教育**」の考え方と矛盾する。障害児に対する総合的な学習の時間にどのような内容を盛り込むか，幼児教育から高等学校卒業あるいは成人までを見通したうえで必要な教育課程をどのように編成するかということも検討が必要であろう。　　［蔵原］

参考文献　『盲学校，聾学校及び養護学校幼稚部教育要領，小学部・中学部学習指導要領，高等部学習指導要領』文部科学省，1999
　　　教育課程審議会「幼稚園，小学校，中学校，高等学校，盲学校，聾学校及び養護学校の教育課程の改善について」答申（1998年7月）

問題42 インクルージョンとは何か

障害児教育の理念の変遷　インクルージョン（inclusion）は「包み込む」「包含」を意味し，イクスクルージョン（exclusion，排除）に対する言葉で，国連の「**サラマンカ宣言**」（1994年）および「**行動綱領**」のなかで障害児教育に対する新しい概念として提案された。インクルージョンは，障害児が健常児と同じような生活をめざす**ノーマライゼーション**（normalization，普通に生活する／共生社会）や特殊学級に所属する児童・生徒と障害をもたない児童・生徒が教科によっては一緒に学習したり，同じ教科書を用いて学習したり，学校行事などをともに活動する**統合教育**（インテグレーション，integration）を発展させた考え方である。

　障害児教育の歴史的な展開を見ると，地道な教育実践の積み上げによって重度の障害をもった子どもたちも含めた教育可能性と発達可能性について広く認識されるようになってきた。盲教育・聾教育・知的障害児に対する教育・情緒障害児に対する教育等さまざまな障害と子どものニーズに応じて教育内容や方法の開発も進められてきた。障害児教育が通常の学校・学級とは別に「特別に」「特殊に」行われてきたという事実そのものが，客観的には障害児・者を社会から「排除」（exclusion）してきたことにほかならない。

　通常使われている「**ハンディキャップ**」という用語の意味をより厳密に考えると「地域の生活に他の人々と平等な水準で参加する機会の喪失または制約を意味」し，「障害者が平等に参加することを妨げている欠点への焦点を強調する」（1993年国連総会の決議「障害者の機会均等化に関する標準規則」）ことになる。こうして「障害者の問題は，あまりにも長い間，障害者の可能性よりも損傷のほうに焦点を当てる，障害を生み出す社会によって悪化させられてきた」（「特別ニーズ教育に関する行動のための枠組」1994年6月）のである。

インクルージョンの背景　インクルージョンは，これまで障害児教育の到達目標を通常の学校教育のレベルに近づくこととする考え方の是非を問うているのである。このような考え方が教育理念として出されてきた背景について触れ

ておきたい。

1993年国連決議「**障害者の機会均等化に関する標準規則**」で障害者の社会へのあらゆる面での「**平等な参加**」がいわれた。すなわちここで「障害者は社会の構成員であり、かつ社会に存在し続ける権利を有する。障害者は、教育、保健、雇用及び社会サービスを提供する通常の枠内で必要な支援を受けられるべきである。」という認識が国際的に表明された。ついで「子どもの権利条約」（1994年）における「障害児の権利」（第23条）および「サラマンカ宣言」（1994年）と「行動綱領」において教育の根本的な前提として社会に生活しているすべての子どもたちが子どもにとっての「**最善の利益**」を受けることが必要と宣言された。これらによって子どもを、ともに同じ社会のなかで生きてゆく大人と同等の人格ある存在としてとらえる考え方が示された。したがって教育も上から下へ施す営みではなく、ともに学習し、支援する営みとして考えられるようになる。

インクルーシブな学校教育の役割　こうした教育理念に基づく実践は学校・教育にとどまらず、あらゆる社会の営みの改革をも構想せざるをえない。

障害児を社会の一員として、あらゆる子どもの教育の場で障害児も健常児も日常的に当たり前のこととしてともに学習し、生活するというインクルーシブな学校教育を行うことによって、子どもたちの間に「連帯」ができる。そしてインクルーシブな学校は「あらゆる人間の違いと尊厳の両方を尊重する、人間中心の社会に向けた訓練の場」としても意味をもつことになる。

今後は健常児の教育と障害児の教育を別立てにして考えるのではなく、すべての学校で、地域社会であらゆる子どもにとっての「最善の利益」とは何かを探りつつ、多様な実践形態の開発が求められる。これまでの交流教育やインテグレーションの実践、とりわけ幼児教育の分野では経験の蓄積もある。しかし、通常学級や通常の学校教育のなかで個々のニーズに応える課題をどのように実践していくかという点では、なお課題は多く残されているといわねばならない。　　　　　　　　　　　　　　　　　　　　　　　　　　　　　　　［蔵原］

参考文献　荒川智「特別ニーズ教育の比較教育的考察」『障害者問題研究』Vol.33, No.2, 2005年8月

問題43 交流教育の意義と課題について述べよ

　自立と社会参加としての交流教育　アメリカやイギリス，北欧などにみられるメインストリーミング，ノーマライゼーション，インテグレーションといった考え方の導入や，国連の**「障害者の権利に関する宣言」**（1975年）などの影響を受けながら，障害児が健常児とともに生活し，学習していく場を学校教育の場でも提供する取組みが重視されるようになってきた。わが国では**「障害者基本法」**（1970年5月）によって，「国及び地方公共団体」に対して「障害のある児童及び生徒と障害のない児童及び生徒との交流及び共同学習を積極的に進めることによって，その相互理解を促進しなければならない」（第14条）という方向が出された。

　1996年（平成8）7月中央教育審議会の第1次答申「21世紀を展望した我が国の教育の在り方について」において「障害等に配慮した教育の充実」が課題として取り上げられた。その内容には「教育内容・方法の改善充実」と**「交流教育の推進」**があげられた。この答申を受け，教育課程審議会「幼稚園，小学校，中学校，高等学校，盲学校，聾学校及び養護学校の教育課程の改善について」の答申（1998年7月）では障害児の自立と社会参加の実現をめざし，小・中学校との交流教育をいっそう推進すること，および従来の「養護・訓練」を「自立活動」と改めることを示した。ここで交流教育は障害児の「**自立と社会参加の促進を図る**」という文脈に位置づけられていることに注目したい。

　交流教育の意義　障害児を通常の学級のなかで教育することを「統合教育」（integration）といい，障害児が特殊学級に在籍している場合，国語や算数（数学），理科，英語などの教科教育はそれぞれ別々に授業を行うが，音楽，図画工作（美術），家庭科（技術家庭）や体育や総合的な学習の時間や学級活動（含給食）など可能な教科の授業や学校行事において障害児と健常児が互いに交じりあって生活・学習することを**交流教育**と呼ぶ。**共同教育**ともいわれる。

　障害児教育にとって交流教育の意義は，障害児が健常児からさまざまな刺激

を受け，発達を促すことに意味があるといわれてきた。どちらかといえば障害児にとってのメリットが強調されてきた。しかし近年では，交流教育によって障害者と健常者が互いに協力し合うなかで正しくお互いについての理解を深め，対等平等の仲間としての共感を互いに形成することは，障害児はもちろん健常児にとっても教育としての効果があると認識されるようになってきた。

日常生活でも豊かな交流を　家庭のなかでも地域社会のなかでも少子社会がますます進行し，異なる存在としての他者との交流自体がきわめて少なくなっている。子どもは誰でも多様な人との交流があってこそ，社会の一員として大切な社会性・協調性を育てることができる。そのためには異年齢の人との交流や同年齢の仲間との交流あるいは障害児と仲間として交わることによって，互いの良さを認識できる経験をもつことが重要なのである。幼稚園・保育所や小学校の低学年から健常児と障害児とが交流することによって「障害のあるなしにこだわらず，ありのままを受け入れる」子どもを育てることに近づくことができるのではなかろうか。

同時に実際の学習場面で障害児に対する特別な配慮が，健常児の豊かな学習を促すこともあるのである。このように見ると生活場面のみならず学習場面でも互いの交流が意味をもつことがおおいにあるといわねばならないし，また障害児教育をそのような広がりのなかでとらえていくことが，今後ますます重要になってくると思われる。

「**特別なニーズ教育**」や「**インクルージョン**」といった考え方によって，すべての子どもの教育のなかに障害児の教育を包含していく方向が示されているが，その具体像はまだ明確にはなっていない。障害児教育が大きく変わろうとしているときにあたって，交流教育の課題は，日常的に普通の生活のなかで交じり合うことにある。交流とは互いの関係が対等平等であることが前提になる。健常児が障害児に対してボランティア活動として手助けをする関係ではなく，ともに生活し，学習する交流活動を生み出していくことが求められているのである。

［蔵原］

参考文献　丹羽淑子『あなたたちは「希望」である―ダウン症と生きる―』人間と歴史社，2005

第3章 学習指導要領

問題 44 学習指導要領の歴史的変遷について述べよ

　学習指導要領は，当初，戦後教育改革の一環として，各学校の教育課程編成に関し，戦前の上意下達の画一的方式を改め，アメリカで各州ごとに作成されている**コース・オブ・スタディ**を参考にして，教育現場で直接に子どもの指導に当たっている教師たち自身が適切な教育課程を編成するための「手引き」として発行されたものであった。最初に出された『**学習指導要領一般編（試案）**』1947（昭和22）年版と51（昭和26）年改訂の同一般編には，そのことが詳しく説明されていた。

　そのような学習指導要領の基本的性格と内容に大きな変更をもたらしたのは，**1958年改訂の学習指導要領**であった。「最近における文化・科学・産業などの急速な進展に即応」し，「独立国家として国際社会に新しい地歩を確保するために」，①道徳教育の徹底，②基礎学力の充実，③科学技術教育の向上を図ること，を主眼とする改訂であったが，とくに次の2点で学習指導要領の性格に原理上の転換が生じることになった。

　第1に，新学習指導要領は，文部省告示として官報に公示され，従来の「手引き」とか「試案」という性格規定をなくして，小・中・高校等の教育課程編成に関し**法的拘束力**をもつ**国家的基準**であるとの行政解釈がなされ，つい先頃まで文部省自身が批判していた中央集権的・画一的教育課程への方向転換がなされることになった。

　第2に，「内容の系統化を図る」とか「学習にいっそうの**系統性**」といったことが強調され，子どもの「興味」「生活」「経験」を主要な原理としてきた**児童中心**ないし**経験主義の教育課程**からの転換がはかられることになった。とくに，社会科については，小学校高学年以上で地理・歴史等の系統性を強化するほか，「道徳」の時間を小・中学校で特設するという大改訂が行われた。

このような戦後新教育の見直しを求める政財界からの要望は1950年代に入ると次々に出されるようになっていたが，60年代の高度経済成長下の教育政策の基調となったのは，経済審議会人的能力部会の答申「経済発展における人的能力開発の課題と対策」(1963年)である。「教育においても社会においても**能力主義**を徹底する」ことを求めたこの答申に応えるかたちで出された中央教育審議会答申「後期中等教育の拡充整備について」(1966年)は，まさにこうした産業界の要求に応え，教育の内容および形態を「各個人の適性・能力・進路・環境に適合するとともに，社会的要請をも考慮して多様なものにする」という中等教育の能力主義的再編を提案するものであった。

　これを受けて，**教科内容の現代化**を重点目標のひとつとした1968-70（昭和43-45）年の学習指導要領改訂は，教育制度の能力主義的再編と結びついて行われたもので，技術革新と経済の高度成長をめざす産業界に必要なハイタレントの養成にひとつのねらいがあり，とくに算数・数学の改訂においては「現在諸外国で進められている数学教育の現代化の動向をも考慮」することが表明されたが，そのような教科内容の高度化についていけない生徒をどうするかという問題には関心を寄せない性質のものであった。

　わが国教育界で「現代化」を最初に主張し，理論的にも実践的にも一定の成果をあげていたのは，民間の教育研究団体である数学教育協議会(遠山啓委員長)であった。「**量の指導体系**」とか「**水道方式の計算指導体系**」などの新しい数学教育の体系を創出していたのである。ところが，文部省側の「現代化」は，それらをまったく無視して，外国の「現代化」を参考にするというものであったが，それには官僚的な理由があった。1958（昭和33）年の改訂で学習指導要領を法的拘束力のある国家的基準とした手前，民間側の「現代化」が教育現場でどんな成果をあげていたとしても，学習指導要領の体系と相容れないかぎり，それらを受け入れることはできなかったのである。

　そのつけが，1970年代にはいると授業からの「**落ちこぼれ**」，校内暴力，陰湿ないじめ，登校拒否などの教育荒廃現象となってあらわれるようになった。

　それ以来，このような学校教育の病理現象克服を一方でめざしながら，21世紀の教育の在り方を展望する大胆な教育改革案が，財界や政党から，あるい

は教員組合や諸種の民間団体から次々と発表され，政府も**臨時教育審議会**（臨教審），中央教育審議会（中教審）等を開催して，これまでの教育の抜本的改革をはかる案を出すようになった。その魁となったのは，内閣直属の臨教審（1984-87年）が出した一連の答申である。

　明治以来の「画一的，硬直的，閉鎖的な学校教育の体質」を打破し，「**個性重視の原則**」に立って「創造性，考える力，表現力」の育成を重視するために，種々の規制を緩和し，学校教育の多様化，選択の機会の拡大など**自由競争原理の導入**によって学校・家庭・地域の教育力の回復と活性化をはかろうという提言をしたのである。しかし，これは時機尚早であった。**規制緩和**に反対する文部省側の抵抗もあったりして，見るべき効果をあげるには至らなかった。1989（平成元）年の学習指導要領改訂では，生活科が新設され，高校社会科が解体されて地理歴史科，公民科となり，家庭科が男女必修となるといったことが目立った変化にとどまった。ところが，1990年代に入る頃から世界情勢は激変した。ソ連邦の崩壊（1991年），米ソ冷戦の終焉が画期的で，経済的には世界市場が一挙に拡大し，「**大競争時代**」に突入することになった。バブル経済崩壊後の大不況に対処するため日本政府もラジカルな政治改革，行政改革，財政構造改革，金融改革などに取り組まざるをえなくなった。

　「子どもに〈生きる力〉と〈ゆとり〉を」をキャッチフレーズにした中教審答申「21世紀を展望した我が国の教育の在り方」（1996年）に基づく文部省の教育改革構想は，こうした危機意識に立つ政財界の後押しで進める政府の一連の国家構造改革の一環として打ち出されたものである。これを受けて，21世紀初頭からの学校週5日制の教育課程の基準を定めた教育課程審議会答申（1998年）は，「これまでの学校教育の基調を転換することが重要である」として，学校週5日制，教育内容の3割削減，総合的な学習の時間の新設による「**ゆとりの教育**」を提起したが，それに基づく新学習指導要領は，その実施前から「学力低下」を招くのではないかという強い反対・批判の声が高まり文部科学省はそれへの対応に苦慮する状況が続いている。　　　　　　　　　〔柴田〕

参考文献　柴田義松『教育課程—カリキュラム入門—』有斐閣，2000
　　　　柴田義松『21世紀を拓く教授学』明治図書，2001

問題 45　学習指導要領の基準性とは何か

学習指導要領の基準性の変遷　学習指導要領は，各小・中・高等学校等において編成する教育課程の国家的「基準」を定めたものである。その法的根拠は，学校教育法および同施行規則にあり，各学校の教育課程は，「**教育課程の基準として文部科学大臣が別に公示する学習指導要領によるものとする**」と**学校教育法施行規則**に書かれている。学習指導要領は，小学校，中学校，高等学校，盲・聾・養護学校等の学校種類別に作成されており，教育課程編成の一般方針，教科・特別活動等の目標および内容，指導計画の作成等における留意点などが示されている。

ただし，学習指導要領が各学校の教育内容や指導のあり方まで規制する国家的基準性をもつようになったのは，1958（昭和33）年の小・中学校学習指導要領からで，それ以前，戦後当初の学習指導要領（1947年および51年版）は，戦前の学校の教育課程が国家の強い統制と管理のもとで中央集権的・画一的性格のものであったことに対する批判から，アメリカの各州ごとに作成されている**コース・オブ・スタディ**を参考にして，各学校の教育課程編成の単なる「手引き」として文部省より刊行されたものであった。1947（昭和22）年に最初に発行された「**学習指導要領一般編（試案）**」には，「この書は学習の指導について述べるのが目的であるが，これまでの教師用書のように，一つの動かすことのできない道をきめて，それを示そうとするような目的でつくられたものではない。新しく児童の要求と社会の要求とに応じて生まれた教育課程をどんなふうにして生かしてゆくかを教師自身が自分で研究してゆく手びきとして書かれたものである」と述べられている。

だが，1958（昭和33）年の小・中学校，60（昭和35）年の高等学校学習指導要領改訂以降，教科書の編集や執筆のあり方も，学習指導要領およびそれに基づいて文部（科学）省が作成する「指導書（解説書）」が「**検定基準**」となってきびしく規制されるようになった。**学習指導要領**にこのような**法的拘束力**があ

ることについては，憲法および教育基本法に定める学問・思想の自由とか国民の教育を受ける権利とのかかわりで賛否両論があり，教科書裁判などで争われてきた。教育課程編成について「**大綱的基準**の限度を超える事項については，**法的拘束力**が否定される」という判決（札幌高裁，1968年）が下されたこともあるが，最高裁判決（1976年）は，学習指導要領が示す「大綱的基準」は「必要かつ合理的な基準の設定」としてその法的拘束力を是認する判決を下している。

　学習指導要領の基準性の問題点　学習指導要領が各教科で教える内容の基準を示しているといっても，**系統性**が比較的明瞭な算数・数学などは別として，指導の目標や内容が詳しく具体的に述べられていることは少なく，実際にはきわめて抽象的・一般的なことしか書かれていない場合が多い。たとえば，中学国語の「読むこと」の内容について見てみると，「ア　文脈の中における語句の意味を正確にとらえ，理解すること」（1998年版）といった程度の内容であり，同じく中学社会科の内容でも「キ　第二次世界大戦後，国際社会に復帰するまでの我が国の民主化と再建の過程や国際社会への参加について，世界の動きと関連させて理解させる」といった漠然とした表現にとどまっている。

　これらを「基準」にして教科書の編集や執筆のあり方について検定を行うとすれば，その基準性はきわめて曖昧であり，結局は検定担当者の主観的判断に委ねられることにならざるをえない。法的拘束力のある「基準」について論議が絶えない最大の理由のひとつはここにあるといえよう。

　他方，指導内容を比較的細かく規定した算数・数学の場合，教育内容を3割削減したといわれる1998（平成10）年版では，「小数の乗法及び除法の計算の仕方」について「1/10の位までの小数の計算を取り扱う」とか「円周率としては3.14を用いるが，目的に応じて3を用いて処理できるように配慮する」，あるいは「三角形，並行四辺形の面積の求め方」は教えるが，「台形」は省くことにするとか，中学校では「二次方程式の解の公式は取り扱わない」といった細かい制限規定をしていることが問題となった。これでは「**学力低下**」の恐れがあると憂慮する批判が数学者の間から高まり，マスコミでも大きく取り上げたため，文部当局も無視することができず，2002（平成14）年4月からの新学習指導要領実施直前の1月に「確かな学力向上のための2002アピール『**学**

びのすすめ』を発表し,「少人数授業・**習熟度別指導**など,個に応じたきめ細かな指導の実施」などを奨励するほか,「学習指導要領は**最低基準**であり,理解の進んでいる子どもは**発展的な学習**で力をより伸ばす」といった学力向上のための具体的対策を打ち出した。さらにその対策をより明確にするために,翌年の2003(平成15)年12月26日には異例なことに,実施して間もない「**学習指導要領の一部改正等**」を「通知」することになった。

　文部当局者は,そのとき学習指導要領は従来から「最低基準」であったという言い訳の根拠として学習指導要領の「総則」にある「学校において特に必要がある場合には,第2章以下に示していない内容を加えて指導することもできる」という文言をあげていた。たしかに,このような文言は,法的拘束力が最初に付与された1958年の学習指導要領からあったのだが,ただし「その場合には第2章以下に示す各教科,道徳,特別活動及び各学年の目標や内容の趣旨を逸脱したり,児童の負担過重となったりすることのないようにしなければならない」という「ただし書き」が付け加えられていた。したがって,教科書検定等においては,事実上,**学習指導要領**が「**最高基準**」として扱われてきたのであり,どの教科書の内容・範囲・程度も同じようなものとならざるをえなかったのである。

　このようにして画一化されてきた「学校教育の体質」を打破し,「個性重視の原則」に立って種々の規制を緩和するべきだという主張が,臨時教育審議会答申(1987年),中央教育審議会答申(1996年),教育改革国民会議報告(2000年)等にみられるように次第に強く叫ばれるようになり,そのことが今回の学習指導要領一部改正に反映されることになったのである。この一部改正では,従来と同じような「ただし書き」のほか新たに「学習内容の習熟の程度に応じた指導,児童(生徒)の興味・関心等に応じた課題学習,補充的な学習や発展的な学習などの学習活動を取り入れた指導」を許可するような文言がはいり,**基準性の弾力化**がより明確に打ち出されるようになったが,反面そのことにより**能力主義教育**のいっそうの徹底も可能になるという批判も出ている。　　〔柴田〕

参考文献　柴田義松『教育課程―カリキュラム入門―』有斐閣,2000
　　　　　斎藤貴男『教育改革と新自由主義』子どもの未来社,2004

問題46 1947（昭和22）年版学習指導要領の特徴とは何か

　戦後最初の学習指導要領で，「一般編」と「各教科編」とに分かれ，小・中・高校とも各教科ごとに一冊にまとめられ，それぞれが文部省著作の「試案」として出された。そして「一般編」では，まずこの著作の性格について次のように説明している。「この書は，学習の指導について述べるのが目的であるが，これまでの教師用書のように，一つの動かすことのできない道をきめて，それを示そうとするような目的でつくられたものではない。新しく児童の要求と社会の要求とに応じて生まれた教科課程をどんなふうにして生かして行くかを教師自身が自分で研究して行く**手びき**として書かれたものである。」

　このときには「教育課程」という用語はなく「教科課程」という用語が使われているが，それがどのようにしてつくられるべきかについて，次のように説明している。「教科課程は，このように，社会の要求によって考えられるべきものであり，また児童青年の生活から考えられるべきものであるから，社会の変化につれて，また文化の発展につれて変わるべきものであるし，厳密にいえば，その地域の社会生活により，児童青年のその地域における生活の特性によって，地域的に異なるべきものである。教育が地域地域の社会に適切なものとなるには，どうしても，そうならなくてはならないはずである。だから，教科課程は，それぞれの学校で，その地域の社会生活に即して教育の目標を吟味し，その地域の児童青年の生活を考えて，これを定めるべきものである。」

　このように，戦前の中央集権的教育行政のあり方をきびしく批判し，各学校が地域の特質を生かし，特色ある教育活動を展開するのに役立つ教科課程の編成を求めているのだが，実際には全国的な「一応の規準」として教科の編成と各教科に配当する時間数を示している。このなかでとくに注目されるのは「**社会科**」の新設である。「この社会科は，従来の修身・公民・地理・歴史を，ただ一括して社会科という名をつけたというのではない。社会科は，今日のわが国民の生活から見て，社会生活についての良識と性格とを養うことが極めて必

要であるので，そういうことを目的として，新たに設けられたのである。ただ，この目的を達するには，これまでの修身・公民・地理・歴史などの教科の内容を融合して，一体として学ばれなくてはならないので（「学習指導要領 社会科編」参照）それらの教科に代わって，社会科が設けられたわけである」と，社会科新設の趣旨を説明している。

次に「**学習指導**」のねらいやあり方についてのかなり詳しい説明がなされている。「学習指導」という用語自体，戦前ではあまり使用されておらず，新しい教育用語だったのである。

「学習指導とは，これまで，教授とか授業とかいって来たのと同じ意味のことばである。このことばを聞いて，その意味を常識的に考えると，知識や技能を教師が児童や青年に伝えることだと解するかも知れない。しかし，教育の目標としていることがどんなことであるかを考えてみれば，ただ知識や技能を伝えて，それを児童や青年のうちに積み重ねさえすればよいのだとはいえない。学習の指導は，もちろん，それによって人類が過去幾千年かの努力で作りあげて来た知識や技能を，わからせることが一つの課題であるにしても，それだけでその目的を達したとはいわれない。児童や青年は，現在ならびに将来の生活に起る，いろいろな問題を適切に解決して行かなければならない。そのような生活を営む力が，またここで養われなくてはならないのである。……

このような教材をこのような学び方で学んで行くように指導するには，まず『学ぶのは児童だ』ということを，頭の底にしっかりおくことがたいせつだということである。教師が独りよがりにしゃべりたてればそれでよろしいと考えたり，教師が教えさえすればそれが指導だと考えるような，教師中心の考え方は，この際すっかり捨ててしまわなければなるまい。」

このようにして，この「一般編」は，「児童の現実の生活」を「教育の出発点」とし，「いろいろな問題を適切に解決」していく「**生活を営む力**」を養うことが学習指導の基本目標であるとする**児童中心・経験主義的な学習指導**のあり方を提示して，文字通り戦後「**新教育**」の指針を示すものとなったのである。［柴田］

参考文献　柴田義松『21世紀を拓く教授学』明治図書，2001

問題 47　1951（昭和26）年版学習指導要領の特徴とは何か

　1951（昭和26）年改訂の学習指導要領は，1947（昭和22年）版とくらべ，基本的な理念においては変わりないが，1947（昭和22年）年版が短期間に急いでつくられたために説明の粗雑さがあったのをあらためて，よりわかりやすく整備したことと，1947（昭和22年）年版にあった「**自由研究**」の時間がなくなり，代わりに児童会・学級会・諸種の委員会・クラブ活動などの教科外の活動のために「**特別教育活動**」の時間を設け，それにともなって「教科課程」を「**教育課程**」の用語に改めたのが大きな特徴といえよう。
　そこで「一般編」では，教育課程とは何を意味するかについて次のような説明を行っている。「教育課程とは，学校の指導のもとに，実際に児童・生徒がもつところの教育的な諸経験，または，諸活動の全体を意味している。これらの諸経験は，児童・生徒と教師との間の相互作用，さらに詳しくいえば，教科書とか教具や設備というような物的なものを媒介として，児童・生徒と教師との間における相互作用から生じる。これらの相互のはたらきかけあいによって，児童・生徒は，有益な経験を積み，教育的に成長発達するのである。しかも，児童・生徒は一定の地域社会に生活し，かつ，それぞれの異なった必要や興味をもっている。それゆえ，児童・生徒の教育課程は，地域社会の必要，より広い一般社会の必要，およびその社会の構造，教育に対する世論，自然的な環境，児童・生徒の能力・必要・態度，その他多くの要素によって影響されるのである。これらのいろいろな要素が考え合わされて，教育課程は個々の学校，あるいは個々の学級において具体的に展開されることになる。いわゆる学習指導要領は，この意味における教育課程を構成する場合の最も重要な資料であり，基本的な示唆を与える指導書であるといえる。
　このように考えてくると，教育課程の構成は，本来，教師と児童・生徒によって作られるといえる。教師は，校長の指導のもとに，教育長，指導主事，種々な教科の専門家，児童心理や青年心理の専門家，評価の専門家，さらに両親や

地域社会の人々に直接間接に援助されて，児童・生徒とともに学校における実際的な教育課程をつくらなければならないのである。」

　ここには，教科と教科外活動を含め学校において児童・生徒が経験する諸活動の全体が実際の教育課程を構成するという経験重視の指導原理が述べられているとともに，きわめて民主的な手続きによる教育課程編成の原理が述べられているといえよう。実際の教育課程は，当事者である教師と児童・生徒によってつくられるものであるという考え方の具体的適用として，この1951（昭和26）年版では，小・中学校の各教科に配当される時間数がいくらかの幅をもって示されている。たとえば，小学校の国語と算数は両者合わせて，1学年から4学年までは年間総授業時間数の「45％～40％」という示し方をしている。

　さらに，この「一般編」は，最後に**教育課程の評価**の必要性とその進め方について詳しく述べていることが注目に値する。

　すなわち，「この教育課程は，絶えず，教育課程構成の原理や実際の指導にかんがみて，それが適切であったかどうかが評価されなければならない。評価といえば，学習成果の評価のみを考えやすいが，教育は，そのあらゆる部面にわたって絶えず評価される必要がある。教育課程を評価することによって，われわれは，一つには，その教育課程の目指している教育目標が，どの程度に実現さることができるかどうかを知ることができる。また二つには，教育課程の改善と再構成の仕事の資料を得ることができる。

　教育課程は，このように，それを絶えず評価することによって，常に改善されることになる。したがって教育課程の評価と教育課程の改善とは連続した一つの仕事であって，これを切り離して考えることはできない。この意味において，教育課程の評価は，教育課程の計画，その展開とともに，児童・生徒の学習を効果的に進めていく上に欠くことのできない仕事である」というのである。

　このように，「教育は，そのあらゆる部面にわたって絶えず評価される必要がある」として教育課程評価の必要性を強調していることは，この後，法的拘束力が付与されるようになった学習指導要領ではまったく触れられなくなるだけに，この指摘は重要な意味をもっていたといわなければならない。　［柴田］

参考文献　柴田義松『教育課程―カリキュラム入門―』有斐閣，2000

問題 48　1958（昭和33）年版学習指導要領の特徴とは何か

　1958（昭和33）年に小・中学校，1960（昭和35）年に高等学校等の学習指導要領について行われた改訂は，サンフランシスコ講和条約，日米安保条約が締結（1951年）されて占領軍が撤退し，わが国「独立」後まもなくの改訂であったが，学習指導要領のそれまでの性格を原理的に変更するような全面的改訂であった。

　改訂の主なねらいとされたのは，次の5点であった。
①道徳教育を徹底すること
②基礎学力を充実すること
③科学技術教育の向上を図ること
④地理・歴史教育を改善充実すること
⑤教育課程の基準を明確にすること

　しかし，次に述べる2点において学習指導要領に原理上の転換が生じることになった。

　第1に，新学習指導要領は，文部省「告示」として官報に公示され，従来あった「試案」という性格規定もなくして，**法的拘束力**をもつ**国家的基準**であることが強調され，旧学習指導要領が批判していた中央集権的・画一的教育課程へ逆戻りするような方向転換がなされることになった。

　なお，この改訂版より学習指導要領の「一般編」はなくなり，小・中・高校等の学校種別に各一冊にまとめて出されることになったが，その第1章「総則」において，「第2章に示す各教科の内容に関する事項は，特に示す場合を除き，いずれの学校においても取り扱うことを必要とするものである」と明記され，文部省編集の「学習指導要領解説書」では，学習指導要領が「国の基準として定められた」ことが強調されている。

　第2に，学習内容の「系統化を図る」ことが主張され，子どもの「興味」「生活」「経験」を主要な原理として構成されていた従来の経験主義的性格の教

課程から**系統性**を重視し，基礎学力の向上をはかる性格のものへの転換がはかられることになった。

その転換をより具体的に見てみると，算数・数学の場合は，生活経験主義からの離脱が最も明瞭であったが，社会科の場合は，「道徳」の時間の特設が大きな意味をもつほか，小学校高学年以上で地理・歴史などの系統性が強化されるようになったものの，「身近なものから遠くのものへ」という**同心円拡大方式**はそのまま維持されており，経験重視の教科観を根本的に改めるほどの変更ではなかった。国語や理科の場合もほぼ同じで，系統性重視への転換はそれほど徹底したものではなかったといえる。

この改訂に際して，最も大きな論議を呼んだのは，**「道徳」の時間**の特設であり，多くの反対を押しきって強行されたものであった。それだけに，「総則」において，「道徳教育」のあり方に関して特別の1節を設けて説明しているが，「学校における道徳教育は，本来，学校の教育活動全体を通じて行うことを基本とする。したがって，道徳の時間はもちろん，各教科，特別教育活動および学校行事等学校教育のあらゆる機会に，道徳性を高める指導が行われなければならない」とまず言いながら，「道徳の時間においては，各教科，特別教育活動及び学校行事等における道徳教育と密接な関連を保ちながら，これを**補充し，深化し，統合し**，またはこれとの交流を図り，児童の望ましい道徳的習慣，心情，判断力を養い，社会における個人のあり方についての自覚を主体的に深め，道徳的実践力の向上を図るように指導するものとする」というかなり矛盾のある苦しい解説を行っている。

なお，「授業時数の配当」に関しては，各教科および道徳の年間の最低授業時数を表に示したもので，年間の最高授業時数は定められていないと述べており，また「特別教育活動および学校行事等」については(次の改訂で両者合わせて「**特別活動**」と改称された)時間配当を行っていない。　　　　［柴田］

参考文献　　柴田義松『教育課程―カリキュラム入門―』有斐閣，2000

問題 49　1968（昭和43）年版学習指導要領の特徴とは何か

　1950年代末から60年代にかけて，わが国を含め欧米の多くの諸国でも，学校の教科内容に現代の科学・技術・文化の達成をより完全に反映させることを目標にした大規模なカリキュラム改造運動が展開された。数学・自然科学の教育を中心にして，従来の教科内容を根本的に再編成するような新しい教科の系統性が探究され，「**科学教育の現代化**」とも呼ばれた。

　わが国教育界で「現代化」の問題を最初に提起したのは，**数学教育協議会（数教協）**であった。1959（昭和34）年に開かれた大会で「現代数学と数学教育」が基本テーマとされ，現代数学の成果と方法を数学教育のなかに積極的に取り入れることが論議されたが，翌60年の大会では「数学教育の現代化」そのものを基本テーマとしていた。そして，この年には「現代化」の成果と方法を最初に典型的に示すものとして注目を浴びた「**水道方式の計算指導体系**」が世に問われ，教育界に大きな反響を呼んだ。これについで，理科では1960年から「自然科学教育の現代化」が，科学教育研究協議会（科教協）の主要テーマとされた。

　これら民間の教育研究運動は，戦前から教育の民主化とともに科学化，つまり，**科学と教育との結合**を求めて進められてきた運動である。数教協は，「すべての子どもにわかって，しかも程度の高い数学教育をつくりあげる」ことをめざしてきたし，「すべての子どもに高く易しい自然科学の教育を」が，科教協のスローガンとされている。

　一方，日本の文部省が「現代化」を課題とするようになったのは，60年代の後半になってからで，1968-70（昭和43-45）年に行われた学習指導要領の改訂では，「科学技術の高度の発達」とか「わが国の国際的地位の向上」に対処することがひとつのねらいとされ，とくに算数・数学において「現在諸外国で進められている数学教育の現代化の動向をも考慮」することが表明された。

　このように，文部省側の「現代化」は，民間側の研究成果を無視して，諸外国の「現代化」を参考にするという，日本の学校の教育課程改革としては主体

性の乏しいものであったが，これには理由があった。数教協は，1950年代末から数学教育「現代化」に取り組んできたが，それまでは主に経験主義の「新教育」，いわゆる生活単元学習の批判に研究の重点があった。文部省は，1958(昭和33)年の学習指導要領改訂で，その批判をある程度取り入れ，数学の系統的学習への方針転換をはかったのだが，戦前の1935-40（昭和10-15）年使用の国定教科書にあった暗算重視や割合主義の考えを復活させるなどして，数学教育の系統性についての理解に両者の間にかなりのへだたりがあった。「現代化」の成果として生み出された「水道方式の計算指導体系」や「量の体系」の場合は一層そのへだたりが大きかったので，これらの研究成果は算数ぎらいをなくしたり，障害児の教育にも実際的効果をあげていたにもかかわらず，**法的拘束力**をもった学習指導要領の体系に合わないものを文部省は受け入れることができなかったのである。

　アメリカの数学教育現代化にならって，文部省が初等教育から取り入れたのは，現代数学のひとつとしての「**集合論**」であった。第4学年の「D 数量関係（統計）」のなかに，「集合に着目するなどして，資料を正しく分類整理する能力をのばす」という内容が導入され，その「取り扱い」においては，「集合については形式的な指導をすることがねらいではなく，積極的に集合に着目させることによって，内容の学習やその処理が適切にできるようにすることをねらいとするものとする。この場合，集合についての用語，記号として，次の程度のものを用いることはさしつかえない。集合，要素，‖，⊃」とあり，さらに文部省担当官の「解説」では，「この領域にかかわらず，低学年からも，集合の考えに立った指導が行われるように」すると述べられていた。

　しかし，教師すらなじみの薄い「集合論」を，木に竹をついだようにして導入された算数・数学の新教科書は，教師・児童・生徒の不適応を引き起こすとともに，基礎的教科内容の学習時間を圧迫することによって，「落ちこぼれ」を大量につくり出す一因となり，たいへんな不評を買うことになった。アメリカの数学教育現代化自体も，その主要研究団体（SMSG）が1972年に解散するほどに本国でも失敗だったのである。

［柴田］

参考文献　柴田義松『教育課程—カリキュラム入門—』有斐閣，2000

問題50 1977（昭和52）年版学習指導要領の特徴とは何か

　1977（昭和52）年の学習指導要領改訂では，「人間性豊かな児童・生徒を育てる」「ゆとりのあるしかも充実した学校生活が送れるようにする」「国民として必要とされる基礎的・基本的な内容を重視するとともに児童・生徒の個性や能力に応じた教育が行われるようにする」という3つの「ねらい」が掲げられたが，最も重視されたのは，「学校生活を全体としてゆとりのあるものにする」ということであった。そのために教育課程審議会が立てた対策は次の3点であった。①教科内容を精選する，②教科の授業時数を削減する，③教育課程の基準を弾力化する。

　このような「ねらい」が立てられたのは，教科内容の「現代化」をはかった1968（昭和43）年の学習指導要領改訂が，盛りだくさんの内容によって生徒に過重負担をかけ，そのために授業についていけない「**落ちこぼれ**」を多数つくり出していることが国立教育研究所の調査などによって明らかにされたこともあったが，1960年代から70年代にかけての高度経済成長にともなう後期中等教育と高等教育の急激な量的拡大によって引き起こされた受験競争の激化がもたらす弊害に対処するためでもあった。

　年間総授業時間数が，小学校で0.6％，中学校で11％削減された（中学校1，2学年の場合，1190時間が1050時間に減らされた）。代わりに，いわゆる「**ゆとりの時間**」（学校裁量の時間）が週1-2時間程度設けられることになったが，そのねらいは，「例えば，体力増進のための活動，地域の自然や文化に親しむ体験的な活動，教育相談に関する活動，集団行動の訓練的な活動など学校が創意を生かした教育活動を行う時間がある程度確保できるようにする」ためであり，「国としてはその時間の幅や内容を特に定める基準は設けない」とされていた。

　しかし，実際には，学校に「ゆとり」が戻ってくるどころか，この「ゆとりの時間」の設定によって，教師も子どももかえってより多忙になるという結果を招くことが多かったといわれている。ということは，「学校の創意」を生か

すための「基準の弾力化」が，これも実際にはそのようにはたらかず，学校現場では相変わらず「基準」が強制的に作用したということであろう。

いまひとつの問題は，「ゆとり」の回復が，基本的には量的な問題として処理されたことにあったと思われる。授業時数を1割ほど削減し，教科内容は2，3割削減するから，子どもの学習負担は軽減されるにちがいないとか，教科書をその分薄くすれば子どもの負担は軽減されるといったことが，教育課程審議会で論議されていた。つまり，各教科の内容とか，その系統性についての厳密な検討・批判から，内容が精選され，授業時数が削減されるのではなく，時間の削減が先行し，それに合わせて従来の内容の再配分や削減をするのを改善の基本策としていたのである。言いかえれば，生徒が身につけるべき知識・技能などの**「教科内容」**と，そのために使用される**「教材」**との区別もつけられず，そのために教科内容を精選することと，教材を削減し教科書を薄くすることとが同じに考えられてしまい，実際に教科書の頁数は1980年代に大幅に削減され，中学校の3年間に使用する主要5教科の教科書の総頁数は，1968年のものと比較すると900頁ほど薄くなっており，数学と理科の教科書は250頁ほど薄くなっている。教科書頁数のこのような削減は，その意図とは逆に，それぞれの教科の内容をかえって難解なものにしてしまったのである。

実際に，どのような削減が行われたかを見ると，算数では，前回の改訂で小学校に導入された「集合，確率，負の数」のうち「集合」は削除され，他は中学校へ繰り上げられた。小学校社会科歴史では，「歴史上の人物の働きや文化遺産などを重点的に取り上げ」ることになり，中学校では外国語（英語）が週4時間から3時間に削減され，3年生で選択教科（音楽，美術，保健体育，技術・家庭のうちから）が設けられることになった。さらに，高校では，卒業単位数が85単位から80単位に削減され，かつ共通必修単位がそれまでの12科目（女子は家庭科を加えて13科目）47単位から7科目（女子8科目）32単位へと大幅に削減され，**習熟度別学級編制**も可能として，個人の能力・適性に応じた多様化が進められることになった。これらの削減は，**「学力低下」**や**「学力の格差拡大」**をもたらす一要因となったと後に批判されることになる。　　　　　　　　　〔柴田〕

参考文献　柴田義松『21世紀を拓く教授学』明治図書，2001

問題 51 1989（平成元）年版学習指導要領の特徴とは何か

　戦後教育の総決算を主張する中曽根首相の主導のもとで 1984（昭和 59）年に3年間の期限付きで設置された**臨時教育審議会**は，この教育改革を明治初期と第2次世界大戦後の「2回の改革に匹敵する」第3の教育改革と意義づけ，「個性重視の原則」「生涯学習体系への移行」「変化への対応—国際社会への貢献，情報社会への対応」の3つを改革の基本的視点とした。

　なかでも「**個性重視の原則**」は最も重要な原則だとして，次のように述べている。「今次教育改革において最も重要なことは，これまでのわが国の根深い病弊である画一性，硬直性，閉鎖性を打破して，個人の尊厳，個性の尊重，自由・自律，自己責任の原則，すなわち〈個性重視の原則〉を確立することである。この〈個性重視の原則〉に照らし，教育の内容，方法，制度，政策など教育の全分野について抜本的に見直していかなければならない。」

　この方針を教育課程改訂に生かすべく教育課程審議会（教課審）が発足し，1987（昭和 62）年 12 月に答申が出されたが，その中心となる「教育課程の基準の改善のねらい」は，次の4点に集約された。

①豊かな心をもち，たくましく生きる人間の育成を図る
②自ら学ぶ意欲と社会の変化に主体的に対応できる能力の育成の重視
③国民として必要とされる基礎的・基本的な内容を重視し，個性を生かす教育の充実を図る
④国際理解を深め，我が国の文化と伝統を尊重する態度の育成を重視する

　これらの趣旨からとくに強調されたのは，①「感謝の心や公共のために尽くす心」などの道徳教育の強化，②「**新しい学力観**」と後に呼ばれるようになった「思考力，判断力，表現力」の重視，③「習熟の程度に応じた指導など個に応じた指導」，④「国際社会に生きる日本人としての自覚と責任感」であって，学習指導要領については，「内容の大綱化」を指示するだけで，「国の基準」を示すという基本的性格について変更を加えることはなかった。

これには，教育への規制を緩和し，**自由競争原理の導入**をはかろうとすることへの文部省側の強い抵抗があったからだとされている。
　学習指導要領の具体的改訂としては，小学校1，2年の社会・理科が廃止され，生活科が新設された。**生活科**のねらいは「生活上必要な習慣や技能を身に付けさせ，自立への基礎を養う」ことであり，教課審の中間まとめにはあった「社会認識や自然認識を育てるとともに」という文言が答申では削除されたので，社会科や理科との接続性が後に教育現場では問題とされることになった。
　中学校では2年からの選択教科の拡大と習熟度別指導の導入が行われた。
　また，高校では社会科が廃止され，「地理歴史科」と「公民科」に再編されることになった。戦後民主主義教育の大黒柱でもあった**社会科を解体**し，日本の文化・伝統や道徳の教育を重視するということは，これまでも歴代政府が繰り返し主張してきたことであったが，その目標に，臨教審のお墨付きもあって一挙に接近することになったのである。この観点から見ると，まさに「戦後教育の総決算」にふさわしい改訂を行ったものといえよう。
　さらに，それとの関連で重要なのは，道徳の目標に「生命に対する畏敬の念」と「主体性のある日本人」という文言が新たに加えられ，特別活動の学校行事では**国旗掲揚と国歌斉唱の指導**が，それまでの「望ましい」から「指導するものとする」に強制力が増したことである。そのほか，「国民として必要とされる基礎的・基本的な内容を重視」するということでは，「教育課程の基準の改善の趣旨が十分反映された教科書が作成されることが大切である。とくに，その編集にあたっては，教材の精選について留意する必要がある」といった文面からは，依然として**教科書中心の教育観**にとどまっているといえよう。
　さらに，小学校国語6年間で学ぶ漢字配当数を10字増やしたり，算数ではミリリットルを6年から2年に，最大公約数と最小公倍数を中1から6年に降ろすという「ゆとり」の反動のような動きもあり，小学校社会科では歴史で学ぶ人物として東郷平八郎を含む42人をあげるというような改訂が行われた。

［柴田］

参考文献　柴田義松『教育課程』放送大学教育振興会，1994

問題 52　1998（平成10）年版学習指導要領の特徴とは何か

　「子供に〈生きる力〉と〈ゆとり〉を」　「21世紀を展望した我が国の教育の在り方」を審議した中央教育審議会答申「子供に〈生きる力〉と〈ゆとり〉を」（1996年）に基づいて教育課程審議会が定めた学校週5日制の教育課程の基準となる学習指導要領の改訂である。同審議会答申（1998年）は、「これまでの知識を一方的に教え込むことになりがちであった教育から、自ら学び自ら考える教育へと、その基調の転換を図り、子どもたちの個性を生かしながら、学び方や問題解決などの能力の育成を重視するとともに、実生活との関連を図った体験的な学習や問題解決的な学習にじっくりとゆとりをもって取り組むこと」を強調している。そのために実施された具体的な改訂の要点は、次の3点にしぼり込むことができよう。

　①**学校完全週5日制の実施とそれにともなう教育内容の厳選**（いわゆる3割削減）—子どもに「ゆとり」を
　②教育の多様化・個性化、選択制の拡大—「**個性を生かす教育の充実**」
　③「総合的な学習の時間」の新設を中心にして各学校の創意工夫を生かした体験的な学習や問題解決的な学習を重視する—子どもに「**生きる力**」を

　一口にいって、**自由競争原理の導入**によって教育の活性化をはかろうとするこのような改革構想は、臨時教育審議会の最終答申（1987年）にすでに出されていたが、このときは文部省の抵抗もあったりして十分にはできなかったことが、1990年代に入ってからの国内・国際情勢の激変、国際化・情報化の急激な進展に危機意識をいだく政財界からの強い要請もあって、今回は文部（科学）省もその改革を強力に推進するようになったのである。

　ところが、学校週5日制、教育内容の3割削減、総合的な学習の時間の新設等による「**ゆとり教育**」は、学習指導要領の実施前から、「**学力の低下**」を招くのではないかという強い批判・反対の声が数学教育の関係者を先頭にして次第に高まり、文部科学省もこれを無視することができず、「**学びのすすめ**」アピー

ル（2002年）を出したり，学習指導要領の「一部改正等」を，異例なことに実施後2年目の2003（平成15）年12月に通知するなどの対応を迫られるに至っている。この改正の要点は，学習指導要領が，「**最低基準**」であって，これに示していない内容を「**習熟の程度に応じ**」「**発展的な学習**」などとして加えて指導することができることを明示したことにある。この改訂の基本趣旨は，「学力低下」批判への対応でもあるが，**学力格差の拡大**をむしろ是認し，**自由競争原理**の徹底をはかるものであったと見ることもできよう。

　総合的な学習の時間は，各学校が，「地域や学校，児童（生徒）の実態等に応じて，横断的・総合的な学習や児童（生徒）の興味・関心等に基づく学習など創意工夫を生かした教育活動を行う」時間として設定されたもので，今回の教育課程改訂の最大の特徴ともいえよう。この時間の新設を定めた教育課程審議会答申は，「この時間が，自ら学び自ら考えるなどの〈**生きる力**〉をはぐくむことを目指す今回の教育課程の基準の改善の趣旨を実現する極めて重要な役割を担うもの」だと述べている。

　この時間は，各教科，道徳，特別活動とは異なり，学習指導要領第1章総則において，その趣旨，ねらい，指導の内容などが定められているだけであり，各教科等とは違う位置づけとなっている。それは，この時間が各学校の「創意工夫を生かした教育活動」を行うものであることから，国が各学校の目標・内容等を詳しく示す各教科等とは違った取り扱いにしたのである。

　この時間の指導の「ねらい」について同総則は次のように述べている。

1) 自ら課題を見付け，自ら学び，自ら考え，主体的に判断し，よりよく問題を解決する資質や能力を育てること。
2) 学び方やものの考え方を身に付け，問題の解決や探究活動に主体的，創造的に取り組む態度を育て，自己の生き方を考えることができるようにすること。

　また，この時間の指導内容については次のように定めている。

「各学校においては，……例えば国際理解，情報，環境，福祉・健康などの横断的・総合的な課題，生徒の興味・関心に基づく課題，地域や学校の特色に応じた課題などについて，学校の実態に応じた学習活動を行うものとする」

そして，この時間の「名称については，各学校において適切に定めること」としている。さらに，この時間の「学習活動を行うに当たっては，次の事項に配慮するものとする」と定めている。
(1) 自然体験やボランティア活動などの社会体験，観察・実験，見学や調査，発表や討論，ものづくりや生産活動など体験的な学習，問題解決的な学習を積極的に取り入れる。
(2) グループ学習や異年齢集団による学習などの多様な学習形態，地域の人々の協力も得つつ全教師が一体となって指導に当たるなどの指導体制について工夫する。
(3) 国際理解に関する学習の一環としての外国語会話等を行うときは，学校の実態等に応じ，児童が外国語に触れたり，外国の生活や文化などに慣れ親しんだり，小学校段階にふさわしい体験的な学習が行われるようにする。

　この説明によってもわかるように，この時間は狭い意味の「総合学習」とは異なり，各学校の創意工夫を生かして，さまざまな学習活動を展開することが可能な時間であることに注意する必要がある。この時間の指導のあり方に，まさにそれぞれの学校の特色があらわれることになる。

　そのことと関連して，文部科学省は，2003（平成15）年12月の「**学習指導要領の一部改正等**」において，総合的な学習の時間についてはとくにその「一層の充実」をはかるため次のような改正を行った。
①総合的な学習の時間のねらいとして，各教科等で身につけた知識や技能等を相互に関連付け，学習や生活に生かし，それらが総合的に働くようにすること
②各学校で総合的な学習の時間の目標及び内容を定める必要があること
③各学校において総合的な学習の時間の全体計画を作成する必要があること
④学校図書館の活用，他の学校との連携，公民館，図書館，博物館等の社会教育施設や社会教育団体等の各種団体との連携，地域の教材や学習環境の積極的な活用などについて工夫する必要があること　　　　　　［柴田］

参考文献　柴田義松『教育課程―カリキュラム入門―』有斐閣，2000
　　　　　柴田義松『新学習指導要領の読みかた』あゆみ出版，1999

問題 53　2008（平成20）年版学習指導要領の特徴とは何か

　教育基本法改正（2006年）後，初の改訂　この学習指導要領改訂を定めた中教審答申（2008年）は，「改正教育基本法等を踏まえた学習指導要領改訂」という項目の中で次のように述べている。「教育基本法第2条に規定された教育の目標において，今後の教育において重視すべき理念として……個人の価値の尊重，正義と責任などに加え，新たに，公共の精神，生命や自然を尊重する態度，伝統や文化を尊重し，我が国と郷土を愛する……ことなどが規定された。このような観点から，今回の改訂においては，……伝統や文化に関する教育や道徳教育，体験活動の充実，環境教育などを重視し，道徳のほか，社会や理科，音楽や美術，特別活動といった教科等の具体的な教育内容を改善する必要がある。」ここからは，「個人の価値」を尊び，「子供たち一人ひとりが大切にされる」教育よりも**「伝統や文化を尊重し，我が国と郷土を愛する」態度を養うことを重視する，国家のための教育**に重点を移そうとする傾向が読み取れよう。

　すなわち，前回の改訂において重視されていた「ゆとり」のある教育環境で「ゆとり」のある教育活動を展開するなどの「ゆとり」と関係のある説明が，今回の中教審答申ではすっぽり抜け落ちている。

　そして上述のような道徳教育重視の観点とともに，新たに持ち出されてきたのは**「知識基盤社会」**とかOECDの「キーコンピテンシー」の概念である。すなわち「知識基盤社会」の時代では，「知識は日進月歩であり，競争と技術革新が絶え間なく生まれる。」「知識の進展は旧来のパラダイムの転換を伴うことが多く，幅広い知識と柔軟な思考力に基づく判断が一層重要になる」。「知識・技能は，陳腐化しないよう常に更新する必要がある。」などと述べて，社会経済の各分野のみならず，知識分野においても国際的なきびしい競争が進む社会において生き抜くためには，「基礎的・基本的な知識・技能の習得やそれらを活用して課題を見出し，解決するための思考力・判断力・表現力等が必要である」としている。

　「**基礎的・基本的な知識・技能の確実な習得**」とともに，「**思考力，判断力，表現**

力」といった**「活用力」の育成**に力をいれるということだが，このことは，新指導要領の「総則」においても「各教科等の指導に当たっては，児童の思考力，判断力，表現力等をはぐくむ観点から，基礎的・基本的な知識及び技能の活用を図る学習活動を重視するとともに，言語に対する関心を深め，言語に関する能力の育成を図る上で必要な言語環境を整え，児童の言語活動を充実すること」と述べられている。ここでは，**「言語活動の充実」**ということが加わっているが，いずれにしても知識を活用する能力の育成を重視し，そのような学習活動の指導に力を入れようとしていることがわかる。ただし，「言語活動の充実」において本来もっと重視されるべき「討論」の取り上げ方は弱く，国語の5・6年「話すこと・聞くこと」の中で一カ所「調べたことやまとめたことについて，討論などをすること」があるだけである。なお，この5・6年には，さらに**「外国語活動」**が週一時間必修で配当されることになった。

　このようにして，学習活動の具体例を示すなどして**指導方法の改善**にまで深く立ち入っているところに新学習指導要領の重要な特徴がある。ここで注意する必要のあることは，学習活動を「基礎的・基本的な知識・技能の確実な習得」と「思考力，判断力，表現力」といった「活用力」の育成とに二分していることである。この二種類の活動は，むしろ統合的に行われることが大切であって，これらを切り離してしまうと，前者ではおのずと「暗記，暗唱，反復練習」といった活動だけが重視されることになる恐れがあるだろう。

　指導方法の改善にかかわることでそのほか新たに加えられたこととして注目されるのは，**「主体的に学習に取り組む態度を養」**うと，「家庭との連携を図りながら，児童の学習習慣が確立するよう配慮」するがある。

　ちなみに，「基礎的・基本的な知識・技能の習得」と「それらを活用する思考力，判断力，表現力の育成」にこれを加えると，これら三種類の学習活動は，今回改正された「学校教育法」第三〇条に示された「小学校教育の目標」，すなわち「基礎的な知識および技能を習得させるとともに，これらを活用して課題を解決するために必要な思考力，判断力，表現力その他の能力をはぐくみ，主体的に学習に取り組む態度を養うこと」に対応していることがわかる。そのこともあって，中教審は，最近これら三者を**学力を構成する「重要な三つの要素」**として説明するようになっている。

参考文献　柴田義松監修『新小学校学習指導要領改訂のポイント』日本標準，2008

問題 54　生活科カリキュラムの意義と課題について述べよ

生活科は，1989（平成元）年告示の学習指導要領において小学校低学年（第1学年および第2学年）に新設された教科である。

この教科の新設によって，1947（昭和22）年以来置かれていた低学年の社会科と理科が廃止された。これは，戦後の小学校における教科のはじめての改廃であり，実に40年ぶりのことであった。その後，1998（平成10）年の学習指導要領の改訂において，目標の明確化，内容の大綱化，柔軟化などの修正を経て現在に至っている。

低学年の社会科や理科は，なぜ廃止され，生活科に置き換えられたのであろうか。

そもそも，低学年において社会科や理科が置かれるようになったのは，身近な社会や自然に対する具体的な認識の価値が重んじられるようになったからであり，それは，子どもたちに生活者としての意欲やものの見方，問題解決能力を身につけさせることが重要であるとの教育観が浸透した結果であった。

生活科新設にともなう低学年の社会科や理科の廃止は，こうした教育観を「**生涯学習社会**」という言葉に示されているような社会観・学習観のもとでより発展させようとしたものと考えることができる。

生活科では，その教育目標や内容をどのように理解すればよいのだろうか。

1998（平成10）年告示の『小学校学習指導要領』では，その目標は，「具体的な活動や体験を通して，自分と身近な人々，社会及び自然とのかかわりに関心をもち，自分自身や自分の生活について考えさせるとともに，その過程において生活上必要な習慣や技能を身につけさせ，自立への基礎を養う」とされている。

冒頭に記されている「具体的な活動や体験を通して」という文言は，この教科の方法上の原理を示している。すなわち，低学年児童の認識特性に適合した学習活動を指示したものである。

次の「自分と身近な人々，社会及び自然とのかかわりに関心をもち，自分自身や自分の生活について考えさせる」とあり，ここで，この教科が低学年の社会科や理科の本質を受け継いだものであることが見て取れるが，社会的・自然的な環境を総合的にとらえるとともに，対象的，観察的にとらえるのではなく生活者としての子ども自身のあり方，生き方を中心に据えて指導を展開すべきことが示されている。それは，親和動機，好奇心，達成動機などさまざまな形の子どもの意欲を具体的な環境のなかで強め，自分と身近な環境世界の認識と具体的な生活課題の解決に導いていくことと言い換えることができるだろう。

　こうした指導がめざすものは，目標の最後に示されている「**自立**」である。それは生活者としての自立である。「自立の基礎を養う」とは，この教科が小学校の低学年に限られた教科という限定的な性格に由来するものである。

　また，「生活上必要な習慣や技能」，すなわち，生活者として環境世界とかかわるうえで必要とされる習慣や技能の指導は，子ども自身の意欲に支えられた活動の過程のなかで行われるべきことが示されている。

　このように，生活科がめざすものは，子ども自身を含めての人間的，社会的，自然的な環境に対する関心を呼び起こし，深め，生活者としての意欲や有能さを育てることである。

　生活科では，学びの場は生活圏に求められ，学習材・教材は生活圏に求められなければならない。

　生活圏のどこに場と教材を求めればよいのだろうか。それは，子どもの関心や能力と自立に向けての課題とが交差する点である。新入生は，学校生活に好奇心と不安を感じるとともに適切に対応する行動がとれないことが多い。それならば，学校そのものが学びの場であり，学校を構成するさまざまな要素（校舎，施設，人とその役割等）が子どもたちの体験と活動の対象にならなければならない。

　このように，特定の内容や教材をもたない生活科の指導は，子どもの心を読み取り，生活者としての成長を構想する創造性を教師に要求するのである。

〔遠藤〕

参考文献　熱海則夫『生活科教育』ぎょうせい，1990
　　　　　　永岡順編著『生活科と学校の経営』東洋館出版社，1993

問題 55　総合的な学習の時間の意義と課題について述べよ

　「**総合的な学習の時間**」は，1996（平成8）年7月，第15期中央教育審議会の第1次答申「21世紀を展望した我が国の教育の在り方について」（以下，第1次答申）のなかで新たに設けることが提言されたものである。この答申を受け，1998（平成10）年7月の教育課程審議会答申において教育課程の改善の具体的方針が示され，学校教育法施行規則の改正，当該各種学習指導要領の告示により小学校，中学校，高等学校，盲・聾・養護学校の各部（知的障害者を教育する養護学校の小学部を除く）に置かれることとなった。
　上記第1次答申では，今後における教育の在り方として，「**生きる力**」を育んでいくことが基本であるとし，そのためには，これまでの枠組みのなかでもさまざまな工夫をこらした指導を行うなどの試みを進めるとともに，この力が全人的な力であるということを踏まえ，「**横断的・総合的な指導**」をいっそう推進すべきとして，各教科の教育内容を厳選することにより時間を生み出し，一定のまとまった時間を設けて横断的・総合的な指導を行うことを提言したのであった。
　「生きる力」とは，激しく変化する不透明な時代のなかでよりよく生きていくことのできる力のことであり，「自分で課題を見つけ，自ら学び，自ら考え，主体的に判断し，行動し，よりよく問題を解決する資質や能力であり，また，自らを律しつつ，他人とともに協調し，他人を思いやる心や感動する心など，豊かな人間性」であり，「たくましく生きるための健康や体力」であるとされている。
　このように，「生きる力」とは，全人的な力であり，「学力を単なる知識の量ととらえる**学力観**を**転換**」するものである。その意味では，それまでの数次の教育課程基準の改善によってめざされていたものと軌を一にするものであるが，とりわけ，自ら「学び，考える」態度や意欲，激しく変化する社会のなかでさまざまなかたちで現れてくる「問題を解決する」能力であり，また，他人と豊

かなかかわりをもち，望ましい社会を創造していくことができる社会性の育成が，現代的教育課題として強調されているのである。

さらに，第1次答申では，このような「生きる力」は「学校・家庭・地域社会が相互に連携しつつ，社会全体ではぐくんでいくもの」として，学校を超えた社会全体の課題としてとらえるとともに，**生涯学習社会**を見据えつつ，上記の3つの能力資質を生涯学習の基本的な能力資質として，学校において育成すべしとしたのであった。

学校においては，その教育課程の全体において「生きる力」の育成がめざされなければならないが，とくに，この力を育む新しい教育課程の枠組みとして「総合的な学習の時間」が設けられたのである。

この「総合的な学習の時間」は，教科・領域で重複するような横断的・総合的な教育課題を児童・生徒その他学校の実態に応じて選び，設定し，そのことを通して「生きる力」の最大限の育成に向けた特色ある教育活動を展開できるようにするために設けられたものである。したがって，具体的な目標・内容及び時間割上の名称は個別の学校で決めることができるようにしてあり，他の領域・教科のように目標や内容及び名称の指定は学習指導要領ではなされていない。それゆえ，このことをもって，1977（昭和52）年改正および1989（平成元）年改正の教育課程基準のもとで存在した2-4時間の「学校裁量の時間」を受け継ぐものとみることもできる。

「総合的な学習の時間」は，冒頭に触れたように小学校（第3学年以上）から高校までの学校種に共通におかれている。その趣旨・ねらいもほぼ同じ記述である。しかし，その**標準授業時数**については，下の表に見るように学校種別の取り扱いの違いが見られる。すなわち，小学校では，標準授業時数に選択の幅はないが，中学校においては学年進行とともに選択の幅が広がり，高等学校においては学校によって2倍の差が認められている。また，この表からはうかがえないが，中学校においては，「総合的な学習の時間」と「**選択教科**」，「特別活動（学級活動）」の時間とが連動していること。また，高等学校では，特別活動，生徒指導・進路指導や専門科目と連動しており，中等教育段階では学校の実態に合わせて柔軟な教育課程の編成が可能な仕組みになっている。

学校種別「総合的な学習の時間」標準時数等対照表

小学校	中学校	高等学校
3-4学年：各105時間 5-6学年：各110時間	1学年：70-100時間 2学年：70-105時間 3学年：70-130時間	3年間で105-210時間（3-6単位） （ただし，卒業必修単位として）
学級活動を除いて各教科等の授業時間は，その「特質に応じ効果的な場合には，これらの授業を特定の期間に行うことができる」		卒業までに上記の時間を「学校や生徒の実態に応じて，適切に配当する」

しかし，このような柔軟な枠組みを適切に生かすには，具体的なカリキュラム開発と指導体制上の工夫の蓄積が不可欠であり，このことは一朝一夕に成るものではない。「総合的な学習の時間」の新設は，上述のように現代的な教育課題に対応して行われたきわめて大きな**教育課程構造**の改変であって，いわゆる移行期の混乱や低迷がしばらく続くのはやむをえないことと考えられる。行政や大学・研究機関等によって学校における具体的なカリキュラム開発に対する支援体制がどれだけ組めるかが，移行期からの早期離陸を可能とする鍵となるであろう。

また，いわゆる2000年前後の**低学力論争**を背景として2003（平成15）年に，「**確かな学力**」をめざして学習指導要領の一部改正が行われた。この改正によって，「総合的な学習の時間」についても主に補足のかたちで改正が行われた。たとえば，新たに加えられた「ねらい」の第3項目には「各教科・科目及び特別活動で身に付けた知識や技能等を相互に関連付け，学習や生活において生かし，それらが総合的に働くようにすること」とあるが，このように，「知識」「技能」の強調，いわゆる「**知の総合**」が強調されたことが改正の特徴といえる。その反面，豊かな**社会性**をどのように育てるかが学校教育全体の課題として残されていることを忘れてはならないだろう。　　　　　　　　　　　　　　　［遠藤］

参考文献　国立教育政策研究所『総合的な学習の時間実践事例集』（小学校編）東洋館出版社，（中学校編）ぎょうせい，2002
「小・中・高等学校の学習指導要領解説 総則編」

問題 56　特別活動の意義と課題について述べよ

　特別活動は，国が定める教育課程の基準に基づき，教科や道徳と並んでわが国の小学校，中学校，高等学校の教育課程において正規の領域として位置づけられている教育領域である。この領域は，「**学級活動（ホームルーム活動）**」「**児童会活動**」「**クラブ活動**」「**学校行事**」の4つの内容分野で構成されている。
　ただし，1998（平成10）年12月に行われた教育課程基準の改正によって，それまで小・中・高の各学校種に置かれていた「クラブ活動」が中学・高校においては廃止され，小学校においても内容分野として存続しているが，標準時数の定めは廃止された。また，中学・高校で一般的な「**部活動**」は，「共通の興味や関心をもつ」生徒が学年や学級の所属を離れて集まり活動する点で，クラブ活動と本質的には同質のものといえるが，上記の改正においては国の定める基準のなかには含められておらず，各学校の判断によって実施されるものとなっている。

　特別活動という名称は，わが国の学校の教育課程に関する法的基準上の名称である。類似する教育領域は諸外国にも見ることができるが，その内容構成や名称は多様である。また，わが国においても，特別活動という名称が使われるようになったのは，1968（昭和43）年の小学校の教育課程基準の改正によってである。ただし，後に触れるように，類似の領域がそれ以前に存在しなかったわけではない。教科の領域と同じように，この領域においても国によって時代によって多様な姿や名称を認めることができる。ただし，教科の領域に比べこの領域の歴史は浅く，義務教育の発展のなかで生まれた現代的な領域ということができる。したがって，こうした領域を国際比較の視点や歴史的さらには理論的に広く考察する際には，「**教科外活動**」という表現が用いられることが多い。
　歴史的に見て，学校は体系化された知識や技能等を教える教科教育の機関としてながらく発展してきた。しかし，社会が複雑化し，産業が科学技術への依

存を増すにつれ，教科教育の内容は高度化し，人々の修学期間は長期化しつつある。一方，社会構造の現代的な変化のなかでかつて教育の多くの機能を担ってきた家庭や地域共同体の教育機能は，その役割を大きく後退せざるをえなくなっている。このような状況のなかで，**教科教育**を補完し，学校生活に魅力を与え，児童・生徒の自主性や社会性を具体的な体験や活動を通して育て，統合的な人格形成をはかろうとするのが**教科外活動**の教育的意義である。

　わが国の特別活動の源は，その内容の多様さからさまざまにとらえることができるが，学校生活への適応をはかるとともに望ましい人格形成をめざすという生徒指導（生活指導）の観点からみれば，明治末から大正期にかけて小学校で自然発生的に普及していった「**学級会**」に求めることができるだろう。「学級会」は，当時名実ともに義務教育として国民のほとんどすべてが通学するようになった小学校に多様な児童をよりよく適応させ，学習成果をあげようとして生み出されたものであった。その精神は，「和気藹々」とした学級内人間関係の構築を前提として学び合い，支え合う**学級共同体**づくりをめざすものであり，すでに成立していた学校行事などとの有機的な関係づくりが進められた。

　しかし，公式には，戦前期のわが国の教科外活動は教科としての**修身科**を補完し，道徳教育の実践（訓練・訓育）の場と考えられており，1941（昭和16）年の国民学校令における「**行事**」，および1943（昭和18）年の中等学校令における「**修練**」の国家基準化はこのような考え方で行われた。

　戦後は，新しい教育理念のもとで「**自由研究**」，「教科以外の時間」・「**特別教育活動**」等を経て，特別活動に至っている。

　上述のように，わが国の特別活動は，欧米諸国の教科外活動と比較すると，その内容の多様性や費やす時間数の多さにおいて大きな特色をもっている。しかし，学校週5日制の完全実施にともなう国の教育課程基準の改正などにより，標準授業時数が定められていない児童会（生徒会），小学校のクラブ活動，学校行事の実施時数が減少する傾向がみられ，学校嫌いの増加ばかりでなく児童・生徒の健全な人格形成が懸念されている。　　　　　　　　　　　　［遠藤］

参考文献　日本特別活動学会編『キーワードで拓く新しい特別活動』東洋館出版社，2000
　　　　　「小・中・高等学校の学習指導要領解説 特別活動編」

問題 57 　学級（ホームルーム）活動の意義と課題について述べよ

　学級活動（ホームルーム活動）は，特別活動の内容分野のひとつであり，現行の学習指導要領では，小学校および中学校においては**学級活動**，高等学校においては**ホームルーム活動**と呼んでいる。

　学級活動とは，児童・生徒の学習集団が基本的に恒常的な学級に編成されているので，このように呼称されるのであり，歴史的にはわが国戦前期の小学校の「**学級会**」に源をもつ表現である。一方，**ホームルーム活動**とは，20世紀初頭のアメリカ中等学校の普及期に起こった**ガイダンス運動**のなかで，その拠点として構想された「ホームルーム」（home room）に源をもつ表現である。

　学級活動にせよ，ホームルーム活動にせよ，その基本的なねらいは学級・学校生活に対する児童・生徒のより良い**適応**から始まり，さらには現在および将来の生活において自己をよりよく生かす能力を育成する，いわば**生徒指導・ガイダンス**を拠点的に行うところにある。

　たとえば，小学校学習指導要領の学級活動の項には，そのねらいを「学級活動においては，学級を単位として，学級や学校の生活の充実と向上を図り，健全な生活態度の育成に資する活動を行うこと」としている。

　そして，このねらいはさらに２つの下位目標に分けて示されている。

　そのひとつは，「学級や学校の生活の充実と向上に関すること」であり，**共同生活**としての学級生活や学校生活をより楽しく，有意義に送ることができるための活動である。このことによって，児童は学校生活により適応しやすくなるばかりでなく，自ら楽しく有意義な生活を創り出すことによって，**社会性・市民性**などの資質を身につけることができる。

　具体的には，学級や学校での生活が楽しく，有意義なものになるためには何が必要か，どのような問題を解決しなければならないかなどを考え合う話し合い活動や，それに基づいて実施するさまざまな**協同活動**を考えることができる。たとえば，自分たちの学級生活をどのようにつくっていくべきかや，それに基

づいて学級・学校生活のルールや組織に関する問題についての話し合い，さらにはその実施に関する活動である。具体的には，学校生活・学級生活を有意義・効果的に進めていくための**当番**や**係活動**，**委員会活動**等日常的な役割分担，あるいは，遠足や運動会などの行事の準備に学級としてどのように取り組むかを話し合って決めるなどきわめて多岐にわたるが，児童の状況に合わせ，必要に応じて取り上げることになる。

　もう1つは，「日常の生活や学習への適応及び健康や安全に関すること」である。この目標は，個々の児童の学校生活への**適応**などの問題のうち学級の児童全体でともに考えさせることがふさわしい問題の解決をめざすものである。

　具体的には，学習や友人関係の不適応による悩みの緩和・解決や図書館などの施設の効果的な利用や登下校時の安全について，あるいは健康な生活の送り方等，多様なテーマが考えられる。これらは個別で指導する場合もあるが，学級活動として指導する際は，児童の**自主性**や相互の**学び合い**など活動の特性を生かした取り上げ方が望まれる。

　運動会とのかかわりを例にとれば，その実施のための計画や役割分担等についての話し合いは第1の下位目標にかかわるものと考えられるが，運動の得意なものも苦手なものもともに楽しく運動会に参加するために児童に話し合わせ，考えさせることなどは，この第2の下位目標にかかわる活動と考えられる。このように，第1の共同の問題と第2の個人的な心の問題は相互に深い関係をもち，その解決が学級と個人の双方のあり方に影響する例は少なくない。

　この他，中学校や高校では，思春期にある生徒たちの発達上の特性を考慮して，上記のような望ましい共同生活の創造や個人的適応問題に関する学び合いのほかに，将来の**進路**や**生き方**に関する自覚を深める課題が重視されている。

　ひとりひとりの自己指導力を学級やホームルームにおける**集団活動**や**集団思考**を通してより深く，確かなものとして育てようとするのがこの活動の特質である。

　　　　　　　　　　　　　　　　　　　　　　　　　　　　　　　[遠藤]

参考文献　日本特別活動学会編『キーワードで拓く新しい特別活動』東洋館出版社，2000
　　　　「小・中・高等学校の学習指導要領解説 特別活動編」

問題 58　児童（生徒）会活動の意義と課題について述べよ

　児童（生徒）会活動は，特別活動の内容分野のひとつであり，現行の学習指導要領では，小学校においては**児童会活動**，中学校及び高等学校においては**生徒会活動**と呼んでいる。

　児童（生徒）会活動の基本的ねらいは，学級活動と同じく児童・生徒の**自発的，自治的な活動**を通して学校生活の改善・向上をはかり，児童・生徒の学習と生活に対する意欲を育むことにある。このことによって，彼らの学校生活への適応がはかられ，さらに個々の児童・生徒の人間としての望ましい発達が促進されることになる。**学級（ホームルーム）活動**が児童・生徒の側から望ましい学級をつくる拠点的な活動であるとすれば，児童（生徒）会活動は，児童・生徒の側から望ましい学校をつくる拠点的な活動ということができる。

　学級（ホームルーム）活動との違いは，学級や学年を超えて学校生活全体を視野におき，その改善・向上をめざす点にある。

　このように，この活動はより広い視野をもって進める必要があるので，全校の児童・生徒によって組織される活動とされている一方で，小学校においては「児童会活動の運営は，主として高学年の児童が行うこと」とされている。このことは，もちろん，小学校低学年児童が可能な限りこの活動に参加するように工夫することと矛盾するものではないが，この活動が発達的により高度な能力資質を求めていることを示すものでもある。したがって，自発的・自治的でありながらも全校的な視野をもって児童・生徒が活動に取り組むにあたっては教師の適切な指導がことに重要であり，それを欠く場合には，活動が一部の児童・生徒によって担われたり，慣習的で形式的な活動になりがちとなり，学級活動に比して形骸化するおそれの高い活動ということができる。

　児童・生徒が自ら望ましい学校づくりにかかわろうとする意欲を育むためには，その活動内容が児童・生徒の自発性を反映し，また，その自発性を刺激し，喚起するものでなければならない。

よくある活動内容として，たとえば，学校生活における規律や決まりに関するものがある。この問題は，学校と児童・生徒との間で対立が生じやすい問題である。すなわち，児童・生徒に強い関心を喚起しやすい問題であり，そうであればこそ，より深い理解の好機ととらえるべきであり，児童・生徒の感じていることや考え方を十分に引き出し，活発な話し合いを展開することが重要である。そのためには，代表による話し合いの場だけではなく，学級等での十分な検討や，児童・生徒のなかにある多面的な感じ方・考え方を共有するための機会が必要とされる。たとえば，アンケート等による意見の発見であり，校内新聞，**児童(生徒)集会**などによる交流が必要である。

　児童(生徒)会活動の組織は，児童(生徒)全体が集まる集会(総会)のほかに，代表制の審議・執行機関や恒常的な仕事を分担して受け持つ各種委員会から構成されているのが一般的である。そして，活動が全校的な広がりをもって行われるところから，代表制の機関が組織の中核をなしていることが特色となっている。これ以上の組織の具体的なあり方は，小・中・高の学校種や各学校がもつ条件によって多様であるが，要するに，児童・生徒が自分たちの**学校生活の改善・向上**に取り組む意欲を育てることに適合した組織とその運営のあり方が各学校で工夫されなければならないし，なによりも，どのような活動内容がどのように選ばれ，取り組まれるかということが肝心な点である。

　その意味で，活動内容もその組織も児童・生徒の発達に即したものでなければならない。

　たとえば，小学校の低学年は児童会の運営に参加しないものの，自分たちの気持ちを表現することが奨励されなければならないし，その気持ちが児童会活動のなかでどのように尊重されているのか知る機会をもつことが望ましい。また，中学校程度以上であれば，学校行事などの企画・運営に生徒会が積極的にかかわるように指導されなければならないし，さらには，学校を超えた視野をもって地域社会等に対する活動に生徒会が取り組むことも，青年期にある生徒たちの人間形成の点から奨励・推進されなければならない。　　　　　　［遠藤］

参考文献　日本特別活動学会編『キーワードで拓く新しい特別活動』東洋館出版社，2000
　　　　　　「小・中・高等学校の学習指導要領解説　特別活動編」

問題 59 クラブ（部）活動の意義と課題について述べよ

クラブ活動と**部活動**は本来同一のものであるが，1969（昭和44）年の中学校学習指導要領の改訂によりいわゆる**クラブ活動の必修化**が行われた結果，学習指導要領の規定に基づき全員がそれぞれなんらかのクラブに所属しておよそ週1回程度活動する「クラブ活動」と，従来から行われてきた課外のクラブ活動を「部活動」と呼んで区別するようになった。

クラブ活動は，1998（平成10）年の学習指導要領の改訂によって，中・高においては廃止され，小学校においてのみ残されることになった。また，小学校においてもおよそ週1回，年間35週にわたって行われることが標準とされていたが，このような法定時数が廃止され，各学校において定めることとなった。

クラブ活動にせよ部活動にせよ，それらは，異なる学年や学級に所属する児童・生徒が共通の興味関心で結びつけられた集団活動ということができる。

学習指導要領上，正規の教育活動として行われるクラブ活動が，全員参加や活動時間が少ない（週1回1時間程度）などの制度的条件から，児童・生徒にとって新奇な活動を試す，同好の仲間との触れ合いを重視し，活動を楽しむなどの点が，部活動に比しての特徴となっており，また，所属の変更が積極的に許容されたり，むしろ奨励されたりする点でも部活動とは異なっていた。一方，部活動は，より高い技量や成果をめざして心身を鍛練し，そのために，指導者―生徒，**先輩―後輩**，同輩間のより濃密な人間関係が生まれやすい点に特徴がある。

両者は，共通の興味関心で結ばれた異年齢の親和的な集団活動という点で共通するが，上記のように活動の質においてめざすもの，そして人間関係の濃度・密度において異なる特質をもつものであり，相補って多様な生徒の**社会性**や**人間性**の発達に役立っているとみることができる。

もちろん，これらの活動が望ましい教育成果をあげるには，少なくとも以下のような条件を満たさなければならない。すなわち，児童・生徒の自発性・自

主性を尊重し，技量の向上をめざすだけのものにならないようにするとともに，年長のものも年下のものもひとりひとりが活動の意義を感じ，人間的な成長・発達がはかれるように指導者・教師が適切に配慮しなければならない。

　1998（平成10）年の学習指導要領改訂の結果，中・高においては，クラブ活動はなくなり，各学校の裁量によって実施する部活動だけになり，また，小学校においてもその実施時数は極端に減少することになった。たとえば，1994（平成6）年度の調査ではクラブ活動を年間34.5時間以上実施する小学校が全体の50％以上あり，全体の90％程度の小学校が少なくとも24.5時間以上実施していたのに対し，2002（平成14）年度では年間15時間以下が45.8％で，83％の小学校が20時間以下しか実施しなくなり，さらに，翌2003（平成15）年度では年間15時間以下の実施校が全体の48.2％となるなど，減少傾向は著しい。

　このような減少傾向の直接的な背景には，**学校週5日制**がある。そもそも，小学校でクラブ活動の標準時数が国家基準からなくなったのは，学校週5日制導入による授業時数削減の必要からである。また，標準時数の削減は週当たり2時間とされ，従来土曜日で行っていた授業時数より少ないため，残された授業日の時程の過密化を招いた。さらに，授業時数削減に対して「**学力低下**」を懸念する声が高まり，実施時数が学校の判断に委ねられることになった小学校クラブ活動は，上述のように急激に衰退の道を辿っているのである。

　しかし，先進国のなかでみたわが国の学校の特徴は親和的な人間関係に支えられた「**楽しさ**」であり，その楽しさが，児童・生徒の通学意欲を支え，欧米先進国に比べ教員の支援の行き届きにくい多人数教育にもかかわらず，結果的に国際的な高学力や問題行動の低さなど高い教育成果を生み出していることを見落としてはならない。このような高い教育成果を生み出す要因のひとつに，クラブ活動や部活動をはじめとする多様な児童・生徒の**自発的・自主的な集団活動**があると考えられる。

　国家基準上の位置づけが著しく弱まったクラブ活動，そして位置づけをなんらもたない部活動の良さをどのように生かすかが問われている。　　　　〔遠藤〕

参考文献　日本特別活動学会編『キーワードで拓く新しい特別活動』東洋館出版社，2000
　　　　　OECD『図表でみる教育（2004年版）』明石書店，2004

問題 60　学校行事の意義と課題について述べよ

　学校行事は，小・中・高等学校の学習指導要領において特別活動の内容分野のひとつとされるものであり，その趣旨・目標は，全校または学年等の集団を単位として「学校生活に秩序と変化を与え，集団への所属感を深め，学校生活の充実と発展に資する体験的な活動を行うこと」とされ，さらに5つの種類に分けられている。すなわち，(1) **儀式的行事**，(2) **学芸的行事**，(3) **健康安全・体育的行事**，(4) **旅行・集団宿泊的行事**，(5) **勤労生産・奉仕的行事**である。学習指導要領にこの5種があげられているということは，これら各種にあてはまる行事をなんらかのかたちで行うことが求められていると考えられる。ただし，学校行事として実際に行われる活動はきわめて多彩，多様にわたっており，学習指導要領の改訂にあたってもしばしば「学校行事の精選」が求められることがあった。

　わが国の学校の歴史において，学校行事の始まりが，特別活動に含まれる内容分野のなかで最も古く，なかでも儀式的行事は，1891（明治24）年に定められた「小学校祝日大祭日儀式規程」により，最も早くに制度化された。ただし，このときの儀式は今日のような入学式や卒業式などではなく，天皇・皇后に対する礼拝と「教育勅語」の奉読を主内容とする国民意識形成のための儀式であった。いわゆる戦前期においては，入学式や卒業式は上記の「祝日」儀式成立後儀式として一般的に執り行われるようになったものの，副次的な扱いを受け続けていた。しかし，今日では，入学式・卒業式が最も重要な儀式的行事であり，児童・生徒の成長と発達をともに喜び，新しい生活への意欲を高める重要な教育機能を担って行われている。

　この他，**運動会**や**遠足**，**学芸会**なども明治から大正期にかけて次第に各学校に普及・定着したものの，学校行事としてこれらのものが制度化したのは，初等教育においては，1941（昭和16）年の**国民学校令**施行規則においてである。ただし，儀式を除く運動会や遠足，学芸会等の学校行事は，かなり早い時期か

らレクリエーション的性格をもち，学校内や学校と家庭，地域社会とを情緒的に結びつける役割をもっていた。

さらに，たとえば，**樋口勘次郎**が『統合主義新教授法』（1899）で遠足の多面的，総合的な学習上の意義を説いたり，あるいは，**手塚岸衛**が『自由教育真義』（1922）で各種の学校行事を奨励し，それを児童の自主的・自治的活動と結びつけようとしたことにみられるように，レクリエーション的，学習的，児童・生徒参加型の学校行事像は，わが国の教育実践の歴史のなかで形成されてきた，いわば草の根的に生まれてきたカリキュラム領域ということができる。

児童・生徒の日常的な学校生活に夢や目標を与え，体験的・活動的・総合的な学習機会を提供し，さらに，そのような機会の企画・運営に児童・生徒を積極的にかかわらせ，狭い学校適応を超えて，自律性，社会性を含んだ豊かな学習・人間形成機能を，学校行事はもっている。

2005（平成17）年の「**義務教育に関する意識調査**」（文科省委嘱，ベネッセコーポレーション実施）でも，小学生の86%，中学生の74%が学校行事を「好き」と答えている。

しかし，1998（平成10）年の学習指導要領改訂によって生じた授業時間の過密化のもとで，学校行事の実施時間の著しい減少がみられる。たとえば，文科省の**教育課程編成状況調査**によれば，1994（平成6）年には学校行事の年間実施時間の全国平均が小学校5年生で70.8時間，中学校1年生で83.1時間であったが，2002（平成14）年度には，70時間以上の実施校は，それぞれ全体の21.8%と25.8%となり，40時間以下しか実施しない学校がそれぞれ14.9%，23.3%に上っている。今日では，教科の授業時数を確保するために，かつて2日間にわたって行われていた**文化祭**を1日にしたり，運動会を隔年実施や午前中運動会・午後文化祭というように極端に切りつめた実施形態も現れている。学校行事の意義について真剣に検討する必要に迫られているといえよう。

〔遠藤〕

参考文献　日本特別活動学会編『キーワードで拓く新しい特別活動』東洋館出版社，2000
　　　　　「義務教育に関する意識調査（中間報告書）」ベネッセ，2005

索　引

あ

新しい学力観　119
アップル, M.　30
委員会活動　134
家永教科書裁判　30
生き方　134
生きる力　28,121,122,128
いじめ　76
一般地方学事通則　70
イテリソン　67
イリッチ, L.　30
インクルーシブな学校　98
インクルージョン　99,102
ヴァンクーバー宣言　52
ヴィヴェス, J. L.　49
ヴィゴツキー, L. S.　23,66
梅根悟　16
運動会　139
エッセンシャリスト　18
エラスムス, D.　45
エンゲルス, F.　38,39,40
遠足　139
横断的・総合的な指導　128
大田堯　16
小川太郎　65
落ちこぼれ　104,117

か

外国語活動　125
海後勝雄　19
ガイダンス　133
　　　──運動　133
　　　──理論　64
課外活動　85
科学教育の現代化　32,34,115
科学的概念　66
科学と教育との結合　32,115
科学の基本　33
係活動　134
学芸会　139
学芸的行事　139
隠されたカリキュラム　30
学事奨励に関する被仰出書　22

学習経済　18
学習権　31
学習指導　110
学習指導要領　48,63,68,108
　　　──一般編（試案）　86,103,106
　　　──の一部改正等　108,123
　　　──の基準性　8
　　　──の法的拘束力　8,106
学制　31,42,82
学問中心カリキュラム　21,34
学力格差の拡大　118,122
学力観　128
学力低下　107,121,138
隠れたカリキュラム　8,29,82
学科課程　85
学級会　132,133
学級活動（ホームルーム活動）　131,133,135
学級共同体　132
学級制　31
学校教育法　7
　　　──施行規則　10,106
学校行事　131,139
学校週5日制　121,138
学校生活の改善・向上　136
学校制度に関する一般法案　71
学校における宗教教育に関する規定　46
学校評議員　9
学校理事会　9
活用力の育成　125
課程主義　31
カリキュラム　7,82,85
　　　──の現代化　20
カルチュラル・アウェアネス　59
川口プラン　16
環境　80
　　　──基本法　54
　　　──教育法　52
　　　──と開発に関するリオ宣言　53
ガンジー, M.　50
完成教育　85
カント, I.　49
儀式的行事　139
基準性の弾力化　108
規制緩和　105

141

基礎学力　18
義務教育諸学校における教育の政治的中立の確保に関する臨時措置法　43
義務教育に関する意識調査　140
義務就学令　70
教育改革プログラム　28
教育課程　82,111
　　――構造　130
　　――重層構造　8
　　――の基準　7,9,106
　　――の３層構造　10
　　――の評価　112
　　――の編成　86
　　――の民主的な編成　11
　　――編成状況調査　140
　　――編成の主体　9
教育基本法（1947年）　42,43,46,51,70
教育基本法改正　124
教育公務員特例法　42
　　――の一部を改正する法律　43
教育内容の現代化　26,34
教育二法　43,44
教育の中立性　42,44
教科外活動　7,24,63,131,132
教科外教育　83
教科活動　63
教科課程　7,86
教科教育　83,132
教科指導　24
教科書　92
　　――中心の教育観　120
教科内容　92,118
　　――の現代化　26,104
教科の構造　20,23,33,34
狭義の基礎学力　19
教材　92,118
行事　132
協同活動　133
共同教育　101
共同生活　133
教特法　43
京都盲唖学院　95
興味中心主義　13
勤労生産・奉仕的行事　139
空想的社会主義者　39
具体的事物　92
クラップ　39

クラブ活動　131,137
　　――の必修化　137
クルプスカヤ,N.K.　41
訓育　24
　　――的教授　24
経験単元　88
経験カリキュラム　62
経験主義　14
　　――の教育課程　103
　　――の教育理論　20
形式陶冶　22
系統性　103,107,114
系統的学習　14
ゲーテ,J.F.　72
健康　80
　　――安全・体育的行事　139
顕在的カリキュラム　8,30
言語活動の充実　125
現代化運動　20
検定基準　106
憲法　55,70
コア・カリキュラム　62
　　――連盟　16,36
広義の基礎学力　19
「合自然性」の教育　12
高等学校　86
行動綱領　99
交流教育　101
　　――の推進　97,101
広領域カリキュラム　62
国際教育会議宣言　48
国民学校令　139
国連人間環境会議　52
コース・オブ・スタディ　103,106
個性重視の原則　105,119
個性を生かす教育　121
国家公務員法　42,43
国家的基準　103,113
国家防衛教育法　34
国旗掲揚と国歌斉唱の指導　120
言葉　80
子どもの興味　12,13,15
子どもの最善の利益　77,94
コメニウス,J.A.　45,49,61,66
コンドルセ,J.A.　64

さ

最高基準　108
最善の利益　100
最低基準　8,108,122
佐々木昂　36
サラマンカ宣言　99
三層四領域のカリキュラム構造　17
サン＝ピエール　49
時間割の弾力的な編成　90
識字教育　45,73
自主性　134
持続可能な開発に関する世界首脳会議　53
7自由科　61,70
実質陶冶　22
児童会活動　131,135
児童（生徒）集会　136
児童中心　103
　　――カリキュラム　21
　　――教育　12,13
　　――・経験主義的な学習指導　110
自発的，自治的な活動　135
自発的・自主的な集団活動　138
市民性　133
社会科　14,109
社会科を解体　120
社会性　130,133,137
ジャクソン，P. W.　30
集会条例　42
自由競争原理　27,122
　　――の導入　105,120,121
自由研究　111,132
集合論　116
習熟度別学級編制　118
習熟度別指導　108
修身科　132
集団活動　134
集団思考　134
修得主義　31
自由7科　61
周辺課程　16
修練　132
主たる教材　92
ジュフェルン　71
シュプランガー，E.　72
シュライエルマッヘル，F.　45
生涯学習社会　126,129
障害児の権利　94
障害者基本法　101

障害者の機会均等化に関する標準規則　100
障害者の権利に関する宣言　101
小学教則綱領　83
小学校教員心得　42
情報化時代　15
初等教育　82
　　――カリキュラムの構造　83
初等普通教育　83
自立　127
　　――活動　97
　　――と社会参加の推進を図る　101
城丸章夫　18
人格形成上の歪み　25
新エリート主義　28
新教育　62
新教育基本法　124
人権教育および人権啓発の推進に関する法律　58
人権教育のための国連10年行動計画　57
人権宣言　57
「新自由主義」の教育改革　27
進歩主義　62
人類文化の宝庫を開く鍵　18
進路　134
水道方式の計算指導体系　35,104,115
数学教育協議会（数教協）　115
スカトキン，M. N.　33
ストックホルム会議　52
スプートニク・ショック　20,34
スペンサー，H.　22
3R's　18,82
生活科　84,120,126
生活指導　24
生活単元　88
生活的概念　66
生活を営む力　110
成蹊小学校　18
成城小学校　18
生徒会活動　135
生徒指導　133
世界人権会議　57
世界人権宣言　50,57
1958年改訂の学習指導要領　103
1981年教育法　94
戦後「新教育」　110
潜在的カリキュラム　8,82
選択教科　86,129

先輩－後輩　137
全米環境教育法　52
全面的発達　39,40
相関カリキュラム　62
総合的な学習　62
　　──の時間　48,53,56,122,128
ソーンダイク，E. L.　23

た

『大教授学』　66
大競争時代　105
大綱的基準　107
大正新教育　18,36
ダヴィドフ　67
滝野川学園　95
確かな学力　130
田中実　33
他人を思いやる心　75
楽しさ　138
単元　88
タントレーヴ　44
治安維持法　42
治安警察法　42
地域に根ざす教育　37
地教行法　44
知識基盤社会　124
知的障害児等の義務化　96
知の総合　130
地方教育行政の組織及び運営に関する法律
　44
地方公務員法　42
地方分権推進一括法　44
中央教育審議会　46,53
　　──答申　46,48
中確法　43
中学校　86
中心課程　16
中等教育　85
　　──学校　86
　　──をすべての者に　71
低学年の社会科や理科　126
低学力論争　130
ディベート　76
ディルタイ，W.　45
適応　133,134
適切な教材の選択　93
テサロニキ会議　53

手塚岸衛　140
手びき　109
デューイ，J.　12-14,23,36,39
　　──・スクール　12,39
転移　23
統一学校運動　85
等級制　31
統合教育　99
統合と参加　95
同心円拡大方式　14,114
道徳性の形成　25
「道徳」の時間　114
当番　134
遠山啓　35
陶冶　24
同和教育　58
特殊学級の教育課程　97
特別活動　114,131
特別教育活動　111,132
特別支援教育　95,98
特別なニーズ教育　94,102
トーニー，R. H.　71
トビリシ宣言　52
トーマス・モア　38,40

な

なすことによって学ぶ　14
日本国憲法　51
日本社会の基本問題　17
日本生活教育連盟　17
人間関係　80
人間性　137
年齢主義　31
能力主義　26,104
野瀬寛顕　18
ノーマライゼーション　99
野村芳兵衛　36

は

はいまわる経験主義　16
ハーコウィッツ　59
発展的な学習　108,122
ハリス，W. T.　29
ハンディキャップ　99
樋口勘次郎　140
必修教科　86
ひとまとまりの活動　88

批判的リテラシー　74
表現　80
標準授業時数　129
平等な参加　100
広岡亮蔵　16,19
フェリーの教育改革　64
部活動　131,137
福沢諭吉　22
プラグマティズム　14
フリードリッヒ・ヴィルヘルム1世　70
フリードリッヒ大王　70
ブルーナー,J.S.　20,23,32,34
　――仮説　21
プルントラント報告　52,53
フレーベル,F.　12,45
文化祭　140
フンボルト,W.　71
米国教育使節団報告書　13
ベオグラード憲章　52
ベーカー,C.　60
ペスタロッチ,J.H.　24,36,40,64
ヘルバルト,J.F.　24,64
　――派のチラー　88
偏向教育　43,44
保育指針　79
保育所保育指針の改訂　77
法的拘束力　103,107,113,116
方法的単元　88
補充し，進化し，統合し　114
牧歌的カリキュラム　16
ポドテキスト　30
ホームルーム活動　133
ボランティア　56
ポリテクニズム　41
ホレース・マン　71
本郷プラン　16
本質主義　62

ま

学び合い　134
学び方を学ぶ　33,87
学びのすすめ　107,121

マルクス,K.　39,40,49
マンパワー・ポリシー　26
自ら学ぶ力を養うこと　87
宮坂哲文　65
宮原誠一　19
盲児および聾児教育の義務化　96
モジュール　90
　――・システム　90
文部省令盲唖学校に関する規則　95

や

矢川徳光　16,19
豊かな人間性　75
ユートピア思想　38,40
ゆとり教育　105,121
ゆとりの時間　117
ユネスコ　47-49,52,53,57
用具教材　18,19
養護・訓練　97
幼児の特性　81
幼稚園教育要領　10,79
　――の改訂　77
幼稚園の入園資格　77
幼保一元化　77

ら

ラセン型教育課程　21
ラトケ,W.　49
履修主義　31
リード,T.　50
量の指導体系　104
旅行・集団宿泊的行事　139
臨時教育審議会　27,105,119
　――答申　48
ルソー,J.T.　12,23,36,40,45,49
ルター,M.　45
ルペルシェ案　64
レディネス　21
労作学校　12,39
労働学校　40
労働と教育との結合　40
ロバート・オーエン　38

145

［編者紹介］

柴田　義松（しばた　よしまつ）
　1930年生まれ
　東京大学名誉教授
　〈主著書〉
　柴田義松教育著作集　学文社
　　1『現代の教授学』　　5『授業の基礎理論』
　　2『教育的人間学』　　6『授業の原理』
　　3『教育課程論』　　　7『学び方学習論』
　　4『教科教育論』　　　8『学習集団論』
　ヴィゴッキー『思考と言語』（訳）新読書社，ほか

教育学のポイント・シリーズ
教 育 課 程

2006年4月15日　第1版第1刷発行
2013年8月8日　第1版第4刷発行

編者　柴　田　義　松

発行者　田　中　千津子
　　　　〒153-0064　東京都目黒区下目黒3-6-1
　　　　電話　03（3715）1501代
発行所　株式会社　学文社
　　　　FAX 03（3715）2012
　　　　http://www.gakubunsha.com

© Y. Shibata 2006
乱丁・落丁の場合は本社でお取替えします。
定価は売上カード，カバーに表示。

印刷　新灯印刷

ISBN 978-4-7620-1556-3

柴田義松著
柴田義松教育著作集

木内剛編集

1　現代の教授学

A5判　256頁　2940円

生活単元学習・問題解決学習の批判と，日本の民間教育研究団体の実践が生み出した系統学習理論の検討を通じて，教科教育の現代化を理論的に展望した代表著作『現代の教授学』を収録。

2027-8　C3337

宮坂琇子編集

2　教育的人間学

A5判　256頁　2940円

教育的人間学の祖ウシンスキー及び天才的心理学者ヴィゴツキーの理論を丁寧に読み解き，その知見に基づく鋭い視点で学習過程論や思春期問題などの教育理論や教育実践の諸問題を多角的に分析する。

2028-5　C3337

小林義明編集

3　教育課程論

A5判　256頁　2940円

戦前・戦後の教育課程と学習指導要領を検討し，日本のこれからの教育を語るうえでの出発点となる教育改善の方向性と具体的方策を示した著者の学問的業績が縦横に発揮された教育課程論論考集。

2029-2　C3337

阿部昇編集

4　教科教育論

A5判　248頁　2940円

「経験主義教育」と「系統的学習」の止揚，あるべき教科書の姿，批判的リテラシーの必要性など，現在の教育改革に直接つながる教科書論考や教科教育にまつわる数々の論考を4章構成に再編。

2030-8　C3337

澤野由紀子編集

5　授業の基礎理論

A5判　256頁　2940円

世界から注目される日本の授業研究の取り組みの展開とその方法論，国語教科書の歴史的変遷，教育評価論など，1960年代の授業研究，教授学研究を総括した『授業の基礎理論』収録の論考を再構成。

2031-5　C3337

加藤郁夫編集

6　授業の原理

A5判　256頁　2940円

『授業の原理』『教授の技術』『教育の方法と技術』を再構成し，戦後の先進的な授業実践に学びながら授業の技術の基本的性格を明らかにし，授業の技術の重要性を論じる。

2032-2　C3337

世良正浩編集

7　学び方学習論

A5判　248頁　2940円

今日の教育改革の重要課題の一つである「子どもに学び方そのものを学ばせ，自主・自立の学び手に育てるということ」を日本の教育界で一般化すべく「学び方」学習に関する論考を，再構成し収録した。

2033-9　C3337

高橋喜代治編集

8　学習集団論

A5判　248頁　2940円

故大西忠治が解明し得なかった「学習の集団的性格と個人的性格の矛盾」をことばの二重性に着目し明らかにした論考，スホムリンスキーの児童観と教育観など，近代教育思想についての論考を収録。

2034-6　C3337

教育学のポイント・シリーズ

柴田義松・山﨑準二編著
教育原論〔第二版〕
A5判　160頁　1575円　1954-8　C3337

教育学の全領域を網羅し、基本的知識を一問一答形式で簡易に解説。多岐にわたる知識の整理と点検に役立ち、新たな教育問題への研究・実践の諸成果も踏まえた改訂版。

柴田義松・斉藤利彦編著
教育史
A5判　160頁　1575円　1397-3　C3337

人間とその教育のあり方に関する興味をかきたて、時代や社会と人間との関係に対する歴史意識を高めていくという観点から編集。外国教育史編と日本教育史編の2部。

柴田義松・山﨑準二編著
教育の方法と技術
A5判　160頁　1575円　1398-0　C3337

教育方法学における基本的知識の全領域をおさめ、多岐にわたる知識の整理と点検に役立つよう配慮。現代的課題の学習にも対応した一問一答形式のテキスト。

柴田義松・宮坂琇子編著
教育心理学
A5判　160頁　1575円　1399-7　C3337

教育心理学の分野に含まれる発達や学習の基礎理論から障害児の心理と教育、学校カウンセリングまで、最近の動向を含む幅広い内容を一問一答形式で簡明平易に解説。

柴田義松編
教育課程
A5判　160頁　1575円　1556-4　C3337

教育現場に広がる教育病理現象を克服し、子ども不在の教育改革を打開する為に今求められる教育課程のあり方を探る。全領域の基本をおさえた、一問一答形式のテキスト。

牟田悦子編
生徒理解・指導と教育相談
A5判　152頁　1575円　1688-2　C3037

学校教育における心理教育的援助サービスである、児童生徒理解、生徒指導、進路指導、教育相談の学習として、また家庭教育、並びに地域社会における子どもの教育においても、共通に理解を深めたい内容。

三輪定宣編集代表
教師教育テキストシリーズ

岩田康之・高野和子編 **2 教 職 論** A5判　208頁　1890円	「教職の意義等」に関する科目のテキスト。教師教育が「大学」という場で行われていることの意義を確認したうえで、教師として行う実践や入職後のキャリア形成といった課題のとらえ方にも言及する。	1652-3　C3337
古沢常雄・米田俊彦共編 **3 教 育 史** A5判　242頁　2310円	16～21世紀にいたる600年間の西洋教育史の流れを、時代とテーマに即して概括的に記述。江戸時代から1960年代までの日本の教育の歴史を、時代の社会の状況と教育の課題を簡潔に示しながら解説する。	1653-0　C3337
杉江修治編 **4 教 育 心 理 学** A5判　184頁　1890円	教育心理学の成果の中から、教育実践者としての教師の資質を高める上で、その有意義性が明らかな内容を取り上げ、教育実践の基礎を形づくり、実践を効果的に進めるための考え方を記す。	1654-7　C3337
久冨善之・長谷川裕編 **5 教 育 社 会 学** A5判　208頁　1890円	社会学の理論・方法の多様化、教育特有の事象による社会学一般を超えた性質などを考慮にいれながらわかりやすく解説した。教育社会学固有の学問的視角の意味を教職の立場から考える。	1655-4　C3337
長澤成次編 **6 社 会 教 育** A5判　180頁　1890円	今日、総じて人間の諸権利が剥奪される状況にあって、あらためて子ども・若者・大人の「人権」としての学びを支え、地域を創る学校教育と社会教育のもつ役割と可能性を追求する。	1656-1　C3337
小島弘道編 **8 学 校 経 営** A5判　226頁　1890円	学校づくりの経営実践を、その本質、歴史、制度、組織にわたって解説。スクールリーダーのみならず全職員が参加してはじめて功を奏する学校経営の実情と課題を明らかにする。	1658-5　C3337
山﨑準二編 **9 教 育 課 程** A5判　194頁　1890円	教育課程の現状課題を整理し、個々の教育課程編成課題への理解を深めるとともに、新しい教育課程を創造していく力量を獲得するための手がかりとして、学校教育課程の全体構造への理解を深められる。	1659-2　C3337
井ノ口淳三編 **11 道 徳 教 育** A5判　196頁　1890円	教師を志す人が教職科目としての「道徳教育」を学ぶ際に突き当たる疑問を解明。道徳教育の基本的概念を歴史的な背景をふまえ解説。道徳教育の必要性をモラルの実現をめざす生き方を考える。	1661-5　C3337

折出健二編 12　特　別　活　動 A5判　180頁　1890円	学校教育における学校行事や特別活動の位置とその教育的意義を解明する。子どもたちの自治的活動と文化的活動の実践のイメージがもてるように，原理的・実際的な観点から課題を深める。	1662-2　C3337
折出健二編 13　生　活　指　導 A5判　176頁　1890円	「生活を指導する」のではなく，教師と子どもたちとの共に作る「生活が（子どもたちを）導びく」という視点に立つ生活指導の手引き書。生活指導と教科指導の関係を，学びの共同性という視点から探究。	1663-9　C3337
広木克行編 14　教　育　相　談 A5判　194頁　1890円	教育相談についての歴史と理論に関する基本的な概念を整理するとともに，教育相談をめぐる最新のコンセプトや試みの事例に目を向け，その紹介と検討を通して，これからの教育相談のあり方を考える。	1664-6　C3337
高野和子・岩田康之共編 15　教　育　実　習 A5判　208頁　1890円	大学入学後の早い段階から，大学の学内の授業と「介護等体験」など大学外でのさまざまな体験とを照らし合わせて，教職への道を考えてもらうための手がかりとなるテキストを意図した。	1665-3　C3337

小島弘道監修
講座 現代学校教育の高度化

篠原清昭・笠井尚・生嶌亜樹子著 4　現代の教育法制 A5判　192頁　2205円	教育改革のなかで急激に進行する教育法現象の変化を考察し，そこに規定される教育方法論を検証し，現代の教育法制の構造と特質を総論と各論から構成し明らかにする。	2074-2　C3337
山﨑準二・榊原禎宏・辻野けんま著 5　「考える教師」 ―省察，創造，実践する教師― A5判　180頁　2205円	教師を取り巻く環境へ視野を広げ，教師のありようを説明する職務や業務，「よりよく」あるための職能開発，教育労働を支える自立性や発達という観点から分析する。	2245-6　C3337
小島弘道・淵上克義・露口健司著 7　スクールリーダーシップ A5判　180頁　2205円	現代の学校教育を高度化し，児童生徒を社会の立派な担い手として育成するうえで，教師教育や学校の経営に求められる観点からスクールリーダーシップの本質とその実践的視野について論じる。	2099-5　C3337

№	著者	書名	判型	頁数	価格	ISBN下4桁	Cコード	内容
11	小島弘道・熊谷愼之輔・末松裕基著	学校づくりとスクールミドル	A5判	192頁	2205円	2294-4	C3337	教育学と学校経営学では全く新しい分野である中間概念，中間の創造者であるスクールミドルと，その機能としてのミドルリーダーシップをどう捉えるかという課題に挑戦していく。
12	佐古秀一・曽余田浩史・武井敦史著	学校づくりの組織論	A5判	192頁	2205円	2148-0	C3337	学校がうまく機能するために，組織の「力」と「場」の論理の読み解き方や学校組織の特性をふまえた組織開発の展望など，実践事例もふまえた学校づくりを組織論という観点から分析する。
16	田中耕治・森脇健夫・德岡慶一著	授業づくりと学びの創造	A5判	176頁	2205円	2149-7	C3337	日本の授業実践を中軸とした学校づくりを展望するとともに，子どもたちの「学び」の創造をめざす「授業づくり」としての「授業研究」の魅力と有効性の再構築を試みる。
20	渡辺三枝子・鹿嶋研之助・若松養亮著	学校教育とキャリア教育の創造	A5判	184頁	2205円	2100-8	C3337	産業界を含めた社会の関心・ニーズが高まるなか，教職課程でキャリア教育について学ぶ機会のなかった現職教諭が，キャリア教育の基本的知識及び日々の教育活動で役立つ知識・情報などで構成した。
23	吉田武男・相澤伸幸・柳沼良太著	学校教育と道徳教育の創造	A5判	192頁	2205円	2108-4	C3337	道徳や倫理についての基本概念を理解するとともに，人類史のなかで問い続けられてきた道徳の特徴について，また道徳教育の理論や実践の特質について考察する。
24	北神正行・木原俊行・佐野享子著	学校改善と校内研修の設計	A5判	178頁	2205円	2101-5	C3337	複雑化・多様化する学校教育課題への対応という新たな事態に直面する個々の学校が，どう教育力や組織力を向上させ，学校改善を図っていくかという課題について校内研修の設計という観点から論じる。
28	唐木清志・西村公孝・藤原孝章著	社会参画と社会科教育の創造	A5判	176頁	2205円	2109-1	C3337	より良い社会を創造できる市民を育成することをめざす社会科の使命を，市民・グローバルが中軸となる現代社会における「社会参画」「参加」という概念から考察する。